相談支援専門員のための

腑に落ちる

「サービス等
利用計画」
&
「モニタリング
報告書」
のつくり方

編集
日本相談支援専門員協会

中央法規

はじめに

　2015（平成27）年度から、計画相談支援の対象者を、原則障害福祉サービスを利用するすべての人へ拡大したことに伴い、指定相談支援事業所の数は、2012（平成24）年度から2021（令和3）年度で2,851か所から11,472か所に増加し、従事する相談支援専門員の数は、5,676人から26,028人に増加しました（2022（令和4）年4月時点）。

　一方、1事業所あたりの相談支援専門員の人数は増加しないなど、運営体制が脆弱な事業所が多いことから、市町村または圏域においては、これらの事業所を援助する基幹相談支援センターの設置が50％を超えてきており、さらなる体制充実・強化に向けた取り組みが行われています。

　ところが、相談支援事業の体制整備は進んでも、私たち相談支援専門員の悩みは毎日尽きません。なぜならば、人はそれぞれ異なる背景、価値観、信念をもっていて、人が人を支援・応援することには絶対や100％の正解がなく、人は常に成長する存在だからです。

　相談支援専門員は、そのような異なるニーズや個々の希望に対応するために、柔軟さと理解力をもち、限られた資源や時間のなかで効果的な支援を提供する必要があります。なかでも重要なことの1つとして、「サービス等利用計画」を作成することによって相談者と社会資源をつなぎ、チームをつくってケアマネジメントを行うことがあります。

　サービス等利用計画は、障害福祉サービスの利用や自立を目指した活動など、利用者本人の生活に直結する資料であるため、計画を立案する際には正確さと慎重さが求められますが、経験の浅い相談支援専門員は計画書を書くことに慣れていません。また、ベテランであっても計画書の書き方に自信がもてず、時間を要する人も多くいるようです。

　具体的な悩みや困りごととしては、
「アセスメントを通じて収集した情報を、どうまとめればよいのかわからない」
「本人の目標をどう書き表せばよいのかわからない」
「ニーズの優先順位をどうつければよいのかわからない」
「支援内容が、給付費の加算請求の対象となるのかわからない」
などが、多くの相談支援専門員から聞かれます。

　本書は、そうしたサービス等利用計画の作成をめぐる悩みや困りごとに応えるためのものです。相談支援専門員は、利用者の夢や希望といった個人の価値を反映させて計画書を作成する必要があります。そして、本書では計画書の作成に際して必要となる加算に対する考え方についても盛り込むことができました。質の高い効果的な相談支援に対しては、適正な評価となる給付費の加算を含めた報酬を受け取って事業所の運営基盤を整えることも意識しています。

　以上、継続的な学習と成長を通じて支援の質を向上させることができる、個性豊かな資質をもった相談支援専門員がたくさん輩出されることを期待しつつ、本書がそのような人々に長く愛読され、その実践への参考としてもらえることを願っております。

最後に、本書を発刊するにあたり協力いただいた、中央法規出版編集担当の飯田慎太郎氏・佐藤亜由子氏ならびに、当協会の役員・政策委員の皆さんに心より感謝を申し上げます。

　2023（令和5）年6月

特定非営利活動法人　日本相談支援専門員協会

代表理事　菊本 圭一

Contents

第1部

腑に落ちる

「サービス等利用計画」＆「モニタリング報告書」をつくるための知識・技術

1 障害のある人の相談支援の現状

❶ 計画相談支援の始まりと今

　2012（平成24）年4月に施行された障害者自立支援法（現・障害者総合支援法）の改正により、サービス等利用計画の作成等を行う**計画相談支援**と、施設や病院に入所・入院をしている人等の地域移行を支援する**地域相談支援**が制度化されました。同時に児童福祉法の改正により、障害児支援利用計画の作成等を行う障害児相談支援事業も制度化されています。それ以降も、基幹相談支援センターや児童発達支援センターの設置、標準担当件数の設定、さらには相談支援従事者研修のカリキュラムの改正など、あらゆる角度から相談支援の質の向上や人材育成の施策が講じられています。また、地域の相談支援の中核を担うことが期待される基幹相談支援センターについては、未設置の地域も半数近い状況[1]ではありますが、今後も設置促進が図られ、地域のなかでの相談支援の質の向上や人材育成の取り組みがより強化されていくでしょう。

　計画相談支援が始まって以降、利用者に向き合う時間が減り、あわただしく計画作成や事務に追われることも増えたのではないでしょうか。「どれだけ件数をこなせたか」が気にかかるようになり、いつの間にか質よりも量に意識が向くようになっているかもしれません。その意味では、私たちの相談支援の時間の流れや見える景色も変わってきているといえるでしょう。

　とはいえ、変わることなく真摯に利用者に向き合い、質の高い支援を提供しようと努力されている方も少なくないはずです。そもそも**計画相談支援は、ケアマネジメントの手法を用いた支援により「地域のなかでその人らしく生活していくこと」を見据えていくものですから、あらためて質の向上を意識するとともに、日常の景色に利用者の姿を映しながら仕事をしていくことが求められます。**

❷ 「量的課題」から「質的課題」へ

　計画相談支援においては、2012（平成24）年4月から2015（平成27）年3月までに、3年間の段階的な措置により、障害福祉サービスを利用するすべての利用者に**サービス等利用計画**の作成が義務づけられました。しかし、3年を経過した段階でも、多くの自治体が量的課題を残していました。

　計画相談支援の始まりから約10年が経過し、その状況は少しずつ変化してきています。多くの自治体でサービス等利用計画の作成が進み、量的な課題の解決が図られてきていま

---

1)　2022（令和4）年4月現在の市町村における基幹相談支援センターの設置率は53%（厚生労働省「障害者相談支援事業の実施状況等について（令和4年調査）」（2023（令和5）年3月29日）より）。

す。一方で、セルフプランに頼らざるを得ない状況も見られ、とくに障害児では、成人期よりもセルフプラン率が高い自治体が少なくない[2]のが現状です。

(1) 国の動き

　量的な課題の積み残しはあるものの、約10年が経過したなかで、計画作成の達成率が高まるとともに、国の動きも相談支援の質の向上に大きく舵を切っているといえます。具体的には、報酬改定やモニタリングの標準期間の見直しなど、質の高い相談支援の実践や取り組みを評価するような施策が講じられています。これにより、しっかりと利用者に向き合い、ていねいに相談支援を進めていく相談支援事業所や相談支援専門員が、これまで以上に評価されるようになってきました。

　その他、モニタリング結果の検証手法等に関する手引き[3]の作成や、相談支援専門員に対する実地教育にかかる研究[4]の実施など、事業所や地域単位で相談支援の質を上げていくしくみもつくられつつあります。その背景には、相談支援従事者の法定研修だけでスキルアップや人材育成が完結するのではなく、実践と省察を繰り返すこと、さらには事業所や地域のなかで学び、支えていくしくみが必要だということがあります。

　また、これまでの相談支援従事者研修のカリキュラムの改正や、主任相談支援専門員研修が新たに創設されたことにより、相談支援専門員のキャリアラダーが体系化され、目標をもって学びや実践に取り組めるようになりました。

(2) 相談支援専門員への期待

　「相談支援の質の向上に向けた検討会」（厚生労働省）のなかで、相談支援専門員は地域のなかでのソーシャルワークの担い手であることが強調されました。相談支援専門員には、あらためて利用者の生きがいや希望などを見出す等の支援に加え、インフォーマルも含めた地域の社会資源の開発やつながりづくりを進めていくことも求められています。相談支援従事者研修の新カリキュラムも、この点を見据えた内容に見直され、相談支援専門員の学びの中心がソーシャルワークであることが明確になりました。

　このような点は、計画相談支援を主として担う相談支援専門員にとって、ハードルが高いと感じられるかもしれません。一方で、この視点はすべての相談支援専門員を対象にしているものですので、計画相談支援を進めていくうえでもしっかりと意識しなければならないことだといえます。まずはサービス等利用計画を作成していく過程において、利用者を中心に据えながら地域も視野に入れ、ていねいに相談支援をしていきましょう。そのた

---

2) 全国のセルフプラン率は、障害者総合支援法分が15.6％、児童福祉法分が28.9％（厚生労働省「障害者相談支援事業の実施状況等について（令和4年調査）」（2023（令和5）年3月29日）より）。

3) 公益財団法人 日本障害者リハビリテーション協会「基幹相談支援センター等における市町村によるモニタリング結果の検証手法等に関する手引き」（2020（令和2）年3月）

4) 厚生労働行政推進調査事業費 厚生労働科学特別研究事業「相談支援専門員に対する実地教育に従事する者を養成するカリキュラム及び教材の開発」（2021（令和3）年3月）

めにも、**関係づくりから多角的なアセスメント、さらには本人を中心にした意思決定支援など、さまざまな視点と専門性にもとづいた支援を進めていく必要があります。**

　本書では、そのような考え方に加え、具体的な支援のポイントについて学んでいただけると思います。

❸ 「運営」から「経営」へ

　本書では、運営を「決められた財源を効率よく運用するもの」、経営を「利益を最大化し、サービス向上のために投資するもの」として整理します。措置制度から契約制度（支援費制度）に変わって以降、障害福祉の分野でも、**経営の視点の重要性**が高まっています。これは、就労系や介護系などの障害福祉サービスだけではなく、相談支援分野においても同様です。計画相談支援を主とする指定特定相談支援事業所において行われるのは、「経営」であるといえます。これはつまり、利益を生み出しつつ、職員の待遇改善や人員増など、質の向上を見据えた投資を進めていくことが重要になるということです。そのためには、適正な件数をこなすとともに、ていねいで質の高い支援をしていかなければなりません。

　現在の報酬体系においては、個別支援に関連する加算だけではなく、複数の相談支援事業所が協働で機能強化型（Ⅰ～Ⅳ）の算定要件を満たせるようになる[5]など、経営改善や質の向上を後押しする制度設計になっています。**質の高い支援の実践とあわせて、加算を積極的に取得していくことで、事業所の収入を増やしていくことも重要です。**

　また、経営の視点においては、利用者の満足度だけではなく、私たち相談支援専門員のやりがいや満足度を高めていくことも欠かせません。その指標として、顧客満足度（CS：Customer Satisfaction）や従業員満足度（ES：Employee Satisfaction）があります。CSは「相談支援に対して利用者がどのくらい満足しているか」、ESは「従業員（相談支援専門員）がその仕事、職場にどのくらい満足しているか」を測る指標といえます。

　これまでの福祉は、奉仕や自己犠牲の文脈で語られることが少なくありませんでした。それも大切な価値観であるかもしれませんし、むしろ私たちに染みついているともいえるでしょう。だからこそ、**私たち自身が相談支援専門員としての仕事にやりがいを感じ、満足感を得られることを、より意識する必要があります**。なぜならば、ESを軽視していると、長期的に支援の質や業績が下がってしまうリスクがあるからです。従業員の満足度が低ければ、当然パフォーマンスも下がります。また、事業所に利益をもたらす源泉は「従業員（相談支援専門員）」ですので、まずは「業務内容や待遇に満足しているか？」「人間関係に問題をかかえていないか？」など、自分自身、あるいは事業所の相談支援専門員の目線に立って考えることが大切です。

---

5)　参考資料：日本相談支援専門員協会 政策委員会「相談支援事業の複数事業所による協働モデル Ver.2022.4」
　　https://nsk2009.org/?p=968（2023（令和5）年6月現在）

❹ 今後の相談支援の展望

2022年9月に「障害者権利条約に基づく日本政府への総括所見」が公表されました。その内容は、地域移行支援や意思決定支援など、これまで私たちが実践してきた相談支援に対して、あらためて一石を投じるものであったといえるでしょう。

たとえば意思決定支援に関しては、成年後見制度だけではなく、「意思決定支援ガイドライン」にある代理代行決定のあり方についても言及されています。相談支援専門員としてどれだけ本人の意思にもとづく支援を実践できるかが、あらためて問われているのです。関係づくりや本人の意思形成、意思表出、さらには実現に向けた支援など、相談支援専門員に求められることや担うべき役割は、今後もさらに大きくなっていくでしょう。

障害のある人たちの地域での生活は、1人の相談支援専門員だけで支えることはできません。だからこそ、私たちにはさまざまな関係機関との協力や地域のなかでのつながりが求められます。サービス等利用計画は、当事者と支援者、さらには地域とをつなぐツールとなり、道標にならなければなりません。そのように活用できるかどうかは、私たち相談支援専門員次第です。

今後、障害の有無や種別、程度にかかわらず、地域でともに暮らしていくための法改正や取り組みが進んでいきます。それは、基幹相談支援センターを中心にした相談支援体制整備や重層的支援体制整備事業、地域生活支援拠点等の整備など、さまざまな角度からの取り組みです。また、強度行動障害の状態にある人たちを地域で支えていくための検討（「強度行動障害を有する者の地域支援体制に関する検討会」（厚生労働省））も行われ、相談支援専門員の役割も多岐にわたっていくとともに、重要性もさらに高まっていくでしょう。そのようなことからも、相談支援専門員のていねいな意思決定支援や、本人を中心に置いたサービス等利用計画の作成は、欠かせないものとなります。相談支援事業所や相談支援専門員が置かれる状況は今後も刻々と変化し、それと同時に私たちが見渡す景色も変わっていくでしょう。だからこそ、これまでの歴史をふまえながら現状を理解し、常に未来を展望しながら相談支援の実践を重ねていく必要があります。

そのような時代の流れをとらえつつ、私たち自身が学び、相談支援に向き合うなかで、あらためて相談支援専門員としてのやりがいや相談支援の楽しさを実感していきましょう。

<blockquote>
2 利用者の希望にそった
サービス等利用計画をつくるための要素
</blockquote>

❶ 人が人を理解することのむずかしさを理解する

　相談支援専門員は、人が人を理解することのむずかしさを理解し、そのことに対して謙虚であり続けることがとても重要です。親子であれ、きょうだいであれ、夫婦であれ、強い絆や関係性があっても、相手の思考やその人が有している価値を理解できないことはたくさんあります。ましてや、生活歴や環境が違うなかで過ごしてきた他人同士が理解し合うためには、さらなるむずかしさがあるといわれます。

　人は家族であっても、それぞれ異なるバックグラウンドや経験、価値観をもっています。それにより、同じ出来事や情報を異なる視点でとらえることがあります。この主観性が人々の考えや行動を形成し、他者を理解することをむずかしくしています。

　また、障害のある人の多くは、コミュニケーションに何らかの制約があります。言葉や表現は思考や感情を正確に伝えるためのツールですが、コミュニケーションに障害をかかえた人では、他者に自分の意図を伝えることがむずかしい場合があります。言葉や表情、ジェスチャーなどは、文化や個人の背景、障害の特性などによっても解釈が異なるため、アセスメントの過程では注意が必要です。

　そして、人は時に感情的になったり、個人的な問題やストレスの影響を受けたりします。その結果、他者の行動や言動を客観的に理解することができなかったり、解釈を間違えたりすることがあります。人の内面はとても複雑でデリケートです。その内面には自己意識

図1　ケアマネジメントの構成概念

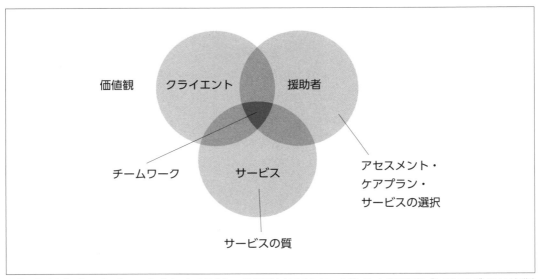

出典：竹内孝仁「Ⅰ―2　ケアマネジメントの目的」一般社団法人日本ケアマネジメント学会編集『ケアマネジメント事典』
　　　中央法規出版, p.5, 2021.

や深層心理も存在します。ですから、外部には見えづらく、他者を理解するうえでは推測や想像が必要となります。

　つまり、人が人を支援し、理解し合うためには、時間や労力を費やすだけではなく、「利用者さんは、どんなふうに考えているのだろうか」と謙虚な姿勢をもって、人間的な感性やその人が有している価値などの把握に努めることがとても重要です。この理念を具体的にし、利用者が主体となって生活していくことのお手伝いをすることが、相談支援専門員の役割といえるでしょう。そのためには、経験や技術に裏づけられた専門的な知識だけではなく、共感する心や思いやりをもち、コミュニケーションを通じて他者との対話を深めることで、人としてのよりよい理解を促進することができます。そのうえで、利用者を尊重した個別性のある工夫・ひと手間と、チームによる支援が必須となります。

　図1の「ケアマネジメントの構成概念」を参考にすると、全体をよりイメージしやすくなります。

❷ 「希望」が備える力を理解する

（1）希望とは何か

　利用者の希望にそったサービス等利用計画をつくるうえで、人が有している「希望」とは何なのかがはっきりしなければ、方策が立てづらいことは言うに及ばないでしょう。ただ、初対面の人からいきなり「あなたの希望は何ですか？」と尋ねられると、答えに窮する人は多いと思われます。私もいきなり何の関係性もない人に尋ねられたら、無視して逃げるか、「あなたに答える義務はない」と答えて追い返すことでしょう。しかし相談支援専門員は、利用者の希望にそった質の高い支援を提供したいとの思いから、直接尋ねようとしてしまうことが時々あります。尋ねられた利用者にとっては、信頼感がある相談支援専門員にそのような聞き取りをされれば、何か答えようとするのは人情でしょうが、本当に答えられるかはわかりません。

　「希望」とは、未来に対して好ましい結果や状況を望む気持ちや信念のことだと考えられます。人々は希望に関する目標や願望をもち、それを実現させるために、前向きな期待や楽観的な姿勢をもつことで表現します。希望は人々にとってとても重要な要素であり、日常生活や個人の成長、社会の進展において大きな役割を果たしてきたことは、歴史的にみても事実といえるでしょう。ケアマネジメントにおける支援過程においても、利用者の望む生活の実現への期待や心の糧などは、利用者が前向きに生きるために必要不可欠な要素であるといえます。

　次のページに、希望の特徴と意味についていくつかのポイントを示しますので、参考にしてください。

- 希望は、未来に対する期待や願望を人々にもたせることを特徴としています。それは、現状に満足せず、よりよい未来を望む意識や欲求と結びついています。
- 希望は、目標達成や困難克服のためのモチベーションを与える役割を果たします。希望をもつことで、前向きな意欲や努力を維持し、困難な状況に立ち向かう力を養うことができます。
- 希望をもつことは、心の安定や幸福感につながることがあります。希望を抱くことで、不確実性や困難に対する不安を軽減し、より積極的で充実した人生を送ることができます。
- 希望は、個人的なものだけでなく、社会的な要素も含みます。共通の希望をもつことで、他者とのつながりや協力関係が築かれ、共同の目標の達成に向けた活動が促進されることがあります。

このように、**希望とは、人々が困難な状況や挑戦に立ち向かう際の支えとなるとともに、未来に対するポジティブな展望によって個人の成長や社会の発展をうながす重要な要素なのです。**

(2) 利用者が望む生活の実現のために希望の共有を行う
（実現ができるかできないかではない）

「当事者主体」「当事者中心」「ニーズ中心」など、利用者本人を中心にして支援が組み立てられることを基本にした用語は、古くからさまざまに用いられてきました。現在では、「意思決定支援」などがよく用いられますが、用語は変われども、利用者の決定やニーズを中心に置いた支援が求められていることに変わりはありません。そのような用語が用いられてきた背景には、あまりにも支援者や家族が利用者本人の意思や希望を無視して支援を行ってきたことを諫めるために重要視されてきた一面があるといえます。

たとえば、総理大臣になりたいという希望をもっている青年がその希望を口にしたときに、相談支援専門員が「なれるわけがないだろう」と冷ややかに反応したら、この青年はどんな気持ちになるでしょうか。二度と自己の希望を他者に伝えなくなるかもしれませんし、相談支援専門員との関係性は悪くなるはずです。相談支援専門員としては、この青年の希望を受け止め、なぜ総理大臣になりたいのか、総理大臣になるためには何が必要なのかを共に考え、寄り添うことが大切です。相談支援専門員として、実現可能か不可能かをジャッジして可能性が低いことは応援しないのではなく、その希望を実現することの意味を理解することが求められます。そして、実現するために必要な知識や教養、経験するための方法などを、利用者と共有するような姿勢や言動が求められます。そのような希望の探究をした結果、総理大臣になれなかったとしても、新たな希望が芽生えることで、青年の生活や人生は潤い、自己実現につながる可能性が高まります。

明日のことは誰にもわかりません。相談支援専門員のものさしだけで支援の基準をつくってしまい、人の可能性を信じることがなければ、利用者の希望にそった質の高い支援にはつながらないことを肝に銘じておきましょう。

❸ 価値の共有をする

　相談支援専門員の役割については、「相談支援の質の向上に向けた検討会」のなかで次のような意見が出されました。

> 相談支援専門員は、障害児者の自立の促進と障害者総合支援法の理念である共生社会の実現に向けた支援を実施することが望まれている。そのためには、ソーシャルワークの担い手としてそのスキル・知識を高め、インフォーマルサービスを含めた社会資源の改善及び開発、地域のつながりや支援者・住民等との関係構築、<u>生きがいや希望を見出す等の支援を行う</u>ことが求められている。

> 厚生労働省「「相談支援の質の向上に向けた検討会」における議論のとりまとめ」2016（平成 28）年 7 月（下線は筆者）

　人の「生きがいや希望を見出す」とは、人の有している価値の尊重であり、人が人を支援することの基盤となる考え方だといえます。この考え方や姿勢をもちながら、支援にあたりたいものです。

❹ アセスメントの定義（情報をどのように整理するか）を理解する

　アセスメントは、次のように定義されています。

> 一つ一つの情報を自分なりに解釈し、それらを組み立て、生じている問題の成り立ち mechanism を構成し（まとめ上げ）、支援課題を抽出すること、あるいは、その人がどんな人で、どんな支援を必要としているのかを明らかにすること

> 近藤直司『医療・保健・福祉・心理専門職のためのアセスメント技術を高めるハンドブック 第 2 版—ケースレポートの方法からケース検討会議の技術まで』明石書店, p.20, 2015.

　アセスメントでは、得られた情報を主観を中心に整理します。主観というと一見、専門職としては不安定なもののように思えます。そのため、「見立て（仮説や推測）」があり、見立てに続く「根拠（原因）」があり、「この人の行動は、心理的な部分や病気に起因している」という説明ができることが重要となります。アセスメントで得られた情報から「この見立ての根拠はこれです」と説明したときに、説得力がある主観になるわけです。これはつまり、アセスメントで得られた情報を自分のものさしで解釈し、整理・分類して、生じている問題の原因を追求し、支援する課題として抽出する、ということです。これによって、利用者はどんな人で、何に困っていて、何を支援するとその人が希望する生活に近づくのか、といったことが明らかになるわけです。この時点ではできるだけ、「手立て（サービスなど）」は考えないことも重要です。

❺ サービス等利用計画の位置づけを理解する

　ケアマネジメントは、**図2**にあるような構造で展開されます。サービス等利用計画を作成することは、このプロセスの1つとなります。当然、このプロセスは意図的に行われ、PDCAサイクルのように循環しながら支援が提供されていきます。そのため、利用者の希望にそった質の高いサービス等利用計画を作成するためには、連動しているすべてのプロセスにおける質の向上が必要となります。その質の向上を図るためには、さまざまな工夫やアイデアが必要であり、個人が努力するだけではなく、ケアマネジメントチームの力を借りることが効果的です。利用者の置かれている環境は十人十色であり、基本となる知識や技術だけに頼った画一的な支援ではなく、利用者を尊重した個別性を有する支援が質の高さにつながるわけです。

　そのため、計画作成の過程では、利用者と共同し、社会資源と連携・協働し、チームを形成し、関係者とつながる力が求められます。利用者の心や頭のなかにある漠然としたものを視覚化・言語化し、支援者も一緒になってそのことを具体化していくための作業がプランニングだといえます。

図2　ケアマネジメントプロセスとサービス等利用計画の展開

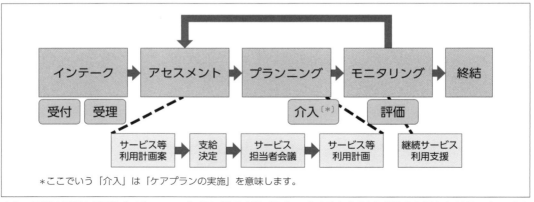

出典：「相談支援従事者研修ガイドラインの作成及び普及事業（平成30年度障害者総合福祉推進事業）」初任者モデル研修資料（2日目），p.119，2018.

❻ 「見立て」「根拠」「手立て」を活用する

　本書の第2部のケース（事例）のなかで取り上げる「見立て」「根拠」「手立て」の思考のプロセスを、たとえ話に置き換えて考えてみましょう。

　「あるたとえ話」——相談支援を野球の部活動にたとえてみると……、

　　ある大学の野球部で、プロ野球選手になりたい学生が集まった。
　　全選手が、試合でかっこよく楽しくプレーし、勝利したいという気持ちをもっていた。また、

キャッチボールやバットでボールを打つ、走るなどの基礎は、全員ができていた。多少のうまいへたなどの技術の差はあるが、野球に対する情熱があればすべてをカバーできると信じていた。

そんなある日のこと、長年のライバル大学と1か月後に試合をすることが決まった。そのため、試合に向けた準備が必要であった。

しかし、ハタと全選手が気がついた。約4年間、疫病が蔓延していたため、個人個人の練習ばかりで、チームで試合のための練習をしたことがない。監督以下選手全員が試合の経験もなく、ルールを知っている者さえいなくなっていた。また、誰がどのポジションを守り、何番バッターで打席に立つのかなど、基本となる戦略もよくわからない状況であった。監督もこれまでの自己の経験や技術だけでは勝てないと考えていて、チームの結束と新たな作戦が必要だと選手を鼓舞した。

だが、監督は病気で入院していて、「試合はみんなに任せる」と言うだけで、実戦に向けた練習やトレーニングはあまりできていない。こんな状況になってしまった責任の所在や犯人探しをしてみたところで、試合には勝てず、チームの雰囲気が悪くなるだけなのは、選手全員が気がついていた……。

　私たちは、対人援助サービスを仕事とする福祉専門職として、人の支援に絶対的な正解はないといった謙虚な姿勢で仕事に臨みたいものです。利用者から見れば、専門職も非専門職もなく、正規職員も非正規職員もなく、自己の状況に合わせてていねいに援助してくれる人（支援者）であることがとても重要だと考えられます。

　私なりに対人援助サービスを行う福祉専門職の現在の状況を分析すると、やる気や想いをもっている人たちが多いと感じています。そして、大学や専門学校での学びだけでは通用しないことや、実践でのさらなる学びが必要なことを、多くの人が理解しているとも感じています。

　そこで、先ほどのたとえ話を通して相談支援の考え方を学んでいきましょう。本書で今回紹介する考え方は、利用者の置かれている状況を「見立て」「根拠」「手立て」といった3つのプロセスに区切って整理することが、支援を考えるにあたって役に立つ、というものです。この考え方は、事例検討などにも活用でき、効果的な問題解決や意思決定支援にも役に立ちます。大まかにいうと、「見立て」を通じて状況を把握し、「根拠」を集めて主張や判断を裏づけ、適切な「手立て」を選択する、というプロセスをふむことになります。

(1) 見立て：仮説を立てる

　「見立て」とは、特定の状況や問題についての推測や評価を行うことを指します。実践場面においては、アセスメントで得られた情報や行動を整理・分析し、解釈を加えることを意味します。「見立て」は、直接的な証拠や確固たる事実にもとづくものだけではなく、主観的な判断や経験によって形成される（ピンとくる）ことも含まれます。また、「見立て」は時に仮説や予測の形をとり、新たな情報やその後の行動と照らし合わせながら考えるこ

ともあります。よって、「見立て」ることは、情報の欠如や不確実性のあることを前提にして、必ずしも正確な結論を導くものではないことに留意する必要があります。

　さて、この野球部は、どんな現状にあって何が問題なのでしょうか。部員の状況、野球部の状況、大学の状況（情報）などから考えると、「長年のライバル大学と1か月後に試合をすることが決まっている」という現状にあり、「勝てる見込みが限りなく薄いこと」が問題だといえます。

　部員を筆頭に関係者の話を聞き、実際の練習風景を見学するなどして、可能な限り多くの情報を集めることが、「見立て」る際には重要です。

(2) 根拠：問題の原因を考える

　「根拠」とは、「見立て」で考えた推測を評価し、判断を支持するための基盤や証拠のことをいいます。支援過程（計画作成）における「根拠」は、できるだけ論理的な推論や客観的な事実にもとづいていることが重要です。これは、情報や事実、行動を通じて「見立て」の正当性や信頼性を裏づける役割を果たすためです。ただし、本人からの情報収集は関係性が基盤となりますので、初見などの場合には簡単ではないことも理解しておきましょう。

　支援過程（計画作成）に「根拠」が存在しなければ、なんとなくサービス（支援）を提供するといった、質の低い支援を行っているとみなされかねません。そのため、アセスメントで収集する情報が以下のような要素から構成されることはとても重要ですし、それが「見立て」を支持するものとなります。

- 直接的な根拠：誰かの主観ではなく、関係者からの証言や観察結果などの、直接的に確認できる事実や情報
- 間接的な根拠：直接的ではないが、推論や統計データにもとづいて主張や判断を支持する情報
- 専門職などからの知識や意見：信頼性のある専門知識や専門家の意見
- 学術的な研究や文献からの情報

　また、客観的かつ信頼性のある情報や証拠にもとづいた「根拠」があれば、「手立て」を考える際に、ケアマネジメントチームのメンバー（支援関係者）の連携・協力を得られやすくなります。

　野球部のたとえ話では、「見立て」で推測した課題の「根拠」として、以下のものが考えられます。

・疫病が蔓延していた影響で、試合ができない状態が約4年間も続き、試合に向けたチームでの練習もできていないこと
・部員が入れ替わり、ルールを知っている人がいなくなってしまったこと
・監督が病気で入院しており、直接的な指示を出すリーダーが不在になっていること

このような見立ての根拠を説明すれば、関係者の理解が進むことは容易に想像がつきます。これ以外にも見立ての根拠は想像できますが、ここではこの3つとします。

(3) 手立て：対応・方針の策定／サービスとの結びつけ

「手立て」とは、問題や課題を解決するための方法や手段のことを指します。具体的には、目標を達成するためにとるべき手順や戦略、アプローチなどの具体的な支援方法のことです。それは、単なるサービス調整だけではなく、経験や知識にもとづくアイデアや相談支援専門員自らの直接支援を含むことがあります。

「手立て」は、サービス等利用計画の目標を達成するための指針としてとても重要です。できるだけ具体的な状況や目標に応じて柔軟に考えることや、問題の性質や要件に合わせて適切なサービスを選択して実行することが求められます。

野球部の例においては、「手立て」として、たとえば以下のような対策を講じることが考えられます。

・練習不足を解消するために、試合のスケジュールをできるだけ後日に再調整する。
・部員を2組に分けて練習試合の紅白戦を計画的に行う。また、その機会を増やす。
・野球のルールや打順、守備などに関する基礎的な研修を受ける。
・部員全員で、それぞれがプロ野球選手になるために、入部した動機を共有してやる気を確認する。

このたとえ話の続きとして、入院している監督に代わって臨時コーチが試合に勝てるチームづくりを行うとしましょう。その臨時コーチは、野球部が低迷する原因を推測し（見立て）、それらにもとづき野球部員や関係者に聞き取りをして（根拠）、具体的なトレーニング方法を考えます（手立て）。そして、チームの再建計画（プラン）を立て、部員全員に示すことで、具体的な活動が展開されることになります。根性論や長年の勘だけに頼った活動ではなく、体系立った方針が定まることで、部員たちは今後の方向性や具体的な目標をはっきりと理解し、チームとしてまとまりが生まれていくことになります。

これを相談支援に置き換えて考えてみれば、この3つのプロセスが互いに関連し、体系化された思考や行動につながることで、サービス等利用計画の質が向上し、支援全体の質もまた向上することは、容易に理解できると思います。これまでなんとなく作成されていたサービス等利用計画が意図をもって作成されると、支援のあり方は大きく変化していくことでしょう。

❼ サービス等利用計画は、個人ではなく、共同（チーム）で作成する

　相談支援専門員としての経験がまだ浅い初任者は、サービス等利用計画の作成は個人で行うものだと誤解している人が多いように思われます。当然、サービス等利用計画の作成の責任は相談支援専門員（個人）が担います。具体的には、相談支援専門員（個人）がアセスメントにもとづいて当面の支援方針を立て、「誰が」「どんな方法で」「いつまでに」といった内容をプラン化し、利用者の同意を得て役所に提出します。確かに１人で行っているように思われますが、プラン作成の過程では、１人ではたどり着けないたくさんの情報や意見、さまざまなアイデア、具体的な協力方法などがあることを忘れてはなりません。そこで、個人とチームによる視点や思考の違いを少し考えてみましょう。

　まず、視点の多様性ですが、チームでは複数のメンバーが異なるバックグラウンドや経験、専門知識をもっているため、異なるアイデアが出されることがあります。個人では限られた視点で考えることが多いのに対して、チームでは多角的な視点が取り入れられます。図３にあるように、「見立て」「根拠」「手立て」という３つのプロセスに個別支援会議やスーパービジョンをバランスよく活用することで、新たな気づきが生まれる可能性が高まります。

　また、チームでは、メンバー間で情報の共有を行うことがとても重要です。各メンバーがもっている情報や知識を共有し合うことで、より豊富な情報をもとに意思決定や問題解決が行われることになります。

　さらに、個別支援会議やスーパービジョンをバランスよく活用するためには、具体的な目標や目的を設定し、それを焦点化することが重要です。出席者全員が個別支援会議やスー

図3　「見立て」「根拠」「手立て」思考のプロセス

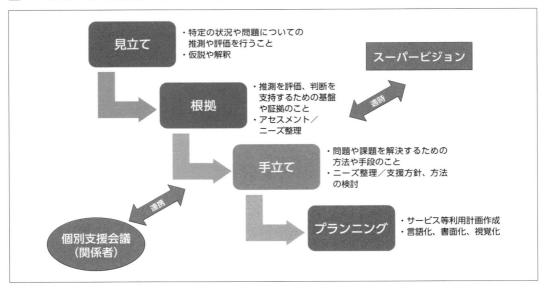

パービジョンの目的に共通の理解をもつことで、効果的な支援やフィードバックが可能となります。

　ですから相談支援専門員は、日々の業務のなかに定例的に行える会議体やスーパービジョンを位置づける必要があります。そこでは、参加者の役割と責任が明確化されることで、効果的なコラボレーションと情報共有が促進されます。日ごろから率直な意見やアイデアを出し合える環境をつくっておくと、意見の多様性や創造性が生まれやすくなります。そのうえで、事前事後の準備や参加者への配慮も欠かせません。「なんとなく」ではなく、計画的かつ意図的に繰り返し行うことで、それが職場の文化として醸成されるような大きな変化につながることが期待できます。それは、相談支援の初任者が支援に行き詰まってバーンアウトしてしまうことを抑制することにもつながるでしょう。

　一方、個人では、自身の情報や知識にもとづいて考えることが一般的ですので、視点や知識の幅が狭くなりやすく、自分がよく知っていることばかりを偏重してしまいがちです。ケアマネジメントにおけるチームでは、責任分担や協力を図るために、それぞれが得意な分野や専門知識をもっており、互いの強みを活かして協力することが基本となるため、効率的な結果が得やすくなります。個人では自身がすべての責任をもつことが多く、助けを求めることがむずかしい場合がありますので、バーンアウトしないためにも、チームアプローチの原則を忘れてはいけません。事業所内や基礎自治体（協議会）レベルで、定期的な事例検討会やグループスーパービジョンを活用することが有用です。

　しかし、支援方針の決定や利用者の意思の尊重は、個人のほうが迅速に無駄なく行うことができる場合もあります。自己判断や個人の意思決定に費やす時間や労力にロスが少ないため、利用者のペースに合わせた支援を行いやすくなるのです。ケアマネジメントは利用者と相談支援専門員の関係性が基盤となり、チームアプローチの考え方がすべて効果的、効率的ともいえないので、バランスがとても大事になります。チームによるアプローチが万能ではない理由は、アイデアや意見の共有、ディスカッションの過程で、対立やモチベーションの低下につながったり、責任の所在が不明確になったりするなど、支援結果に大きな影響を及ぼすことがあるからです。

　以上のように、個人で考えることとチームで考えることは、異なる側面をもっています。個人の考えには主観性が強く反映されるものの、スピード感のある支援ができる一方、チームでは客観的な情報や多様な視点が組み合わさることによって、より優れた結果が生まれることがありますので、うまく使い分けることが大切です。

　ケアマネジメントにおいては、互いの労力・貢献を評価し、利用者の実現したい目標に少しずつ近づいていることをモニタリングで確認・共有することで、支援を充実させていきます。そして、利用者に変化（行動変容）が表れることで、支援者メンバーのモチベーションがさらに高まり、支援者にも変化（行動変容）が表れる、というような相乗効果が生まれることが期待されます。

3 サービス等利用計画の様式と記入上の留意点

　サービス等利用計画・障害児支援利用計画（以下、計画）の作成がすべての障害福祉サービス利用者を対象とするようになったのは、2012（平成24）年のことです。それから約10年が経過した今、計画を作成したうえでサービスを利用することがあたりまえになりました。

　そうしたなかで、「アセスメントの情報が薄く、ニーズに応える計画作成ができていないのではないか」「誰に対しても同じような計画になってしまっていないか」など、相談支援専門員が作成する計画の質が問われてきています。

　そこで本節では、計画を記入する際の留意点をあらためて確認していきます。

❶ サービス等利用計画作成のポイント

　計画は、ケアマネジメントの手法を用いて、障害のある方が置かれている環境や状況をアセスメントしたうえで、ニーズを整理し、必要なサービス等の利用につなげ、地域での自立した生活を支えるためのものです。初任者研修において、2020（令和2）年度から始まった新しいカリキュラムでは、演習と演習の間にインターバル実習が設けられ、本人または家族にアセスメントをして、ストレングスの抽出、ニーズ整理、計画作成までの一連の流れを行うこととされました。ケアマネジメントを行うにあたっては、相談支援の目的（**表1**）、相談支援の基本的視点（**表2**）に留意する必要があります。

　では、相談支援の目的や基本的視点を計画に反映するためには、何を意識すればよいのでしょうか。ポイントとなるのは、次の2点です。

> ❶本人の希望や意向を示す
> ❷本人・関係機関の誰が見てもわかりやすいようにする

　ここからは、これら2点について、それぞれ詳しく見ていきます。

表1　相談支援の目的

- 障害者の地域生活とその支援
- 障害者の自立と尊厳の確保、社会参加
- 自己決定（意思決定）への支援・権利擁護（エンパワメント / リカバリー）
- 障害のある人を含めた誰もが暮らすことのできる地域づくり

出典：日本相談支援専門員協会監修, 小澤温編集『障害者相談支援従事者研修テキスト 初任者研修編』中央法規出版, p.20, 2020.

表2　相談支援の基本的視点

- 個別性の重視
- 生活者視点、QOL の重視
- 本人主体、本人中心
- 自己決定（意思決定）への支援
- エンパワメントの視点、ストレングスへの着目
- 権利擁護、スティグマ
- チームアプローチ、多職種連携
- 地域の多様な資源へのアクセスと活用、資源開発

出典：日本相談支援専門員協会監修，小澤温編集『障害者相談支援従事者研修テキスト　初任者研修編』中央法規出版，p.203，2020.

（1）本人の希望や意向を示す

　まず、サービス等利用計画の「等」の部分に着目してみましょう。本人の生活は、公的サービスのみで成り立っているわけではありません。趣味の活動、サークル、家族の支援、友人との関係、インフォーマルな資源を含め、さまざまなもの・ことのすべてが本人の生活を支えています。それらが「等」で示されているということです。

　そのため、たとえば本人の意向として「就労継続支援Ｂ型を使いたい」と計画に記載することがありますが、その方の希望する生活はサービスを利用することだけではないことに注意しなければなりません。就労継続支援Ｂ型を使うことのほかに、趣味や余暇などの生活全体に関する希望や意向を包含した計画を作成することが求められます。大切にしてほしいのは、衣（医）、食（職）、住、教育が含まれた計画となっているか、という視点を常にもつことです。

　なお、本人と家族の意向が相反することもあるかと思います。そのような場合には、どちらかの意向だけを取り上げるのではなく、それぞれの意向をそのまま計画に記載してかまいません。実際の支援のなかで、その差を埋めていく作業を行うことが大切です。

　計画は、本人の24時間365日を支えるものとなります。本人の生活歴、家族状況、利用しているサービス、趣味の活動などをアセスメントして、生活全体を意識した計画を作成しましょう。

（2）本人・関係機関の誰が見てもわかりやすいようにする

　計画を作成するにあたって重要となるのは、本人らしさを意識することです。そのための手法として、本人の言葉を使うことが有効です。そうすることで、本人が「自分の気持ちをくみ取ってもらえた」という安心感をもつことにつながります。計画は形式ばった言葉を使って記入しなければならないと思うかもしれませんが、できる限り本人の言葉を使い、本人にとってわかりやすい内容にすることを意識しましょう。さらに、ストレングスに着目し、ネガティブなところをリフレーミングしてポジティブな表現にすると、本人が

前向きになれる計画となります。できない部分をカバーするだけではなく、できている部分をさらに伸ばす・増やす、という視点に立つことが求められます。

そのほか、**行政や関係機関との共有を見据えてわかりやすい言葉で作成することも重要です**。とくに、市町村によるサービスの支給決定の際には計画が根拠となるため、利用者の希望や意向を反映しつつ、なぜそのサービスと支給量が必要なのかを説明できるようにしなければなりません。また、関係機関とは専門性に違いがあるため、専門用語ばかりが並んでいる計画では、共通理解を図ることがむずかしくなります。

計画作成後には、内容が本人や家族、行政、関係機関にとってわかりやすく、端的に示されているかを見直すとよいでしょう。

❷ サービス等利用計画の様式と記入内容

計画の様式については、市区町村や使用している記録入力ソフトによって形式が異なることがありますが、基本的に含まれる項目は同じです。本書では、厚生労働省が示しているモデルで説明します。

サービス等利用計画様式例

サービス等利用計画・障害児支援利用計画

利用者氏名（児童氏名）		障害支援区分		相談支援事業者名	
障害福祉サービス受給者証番号		利用者負担上限額		計画作成担当者	
地域相談支援受給者証番号		通所受給者証番号			

計画作成日		モニタリング期間 （開始年月）		利用者同意署名欄	

利用者及びその家族の生活に対する意向（希望する生活）	❶
総合的な援助の方針	❷
長期目標	❸
短期目標	❹

優先順位 ❺	解決すべき課題 （本人のニーズ）❻	支援目標 ❼	達成時期 ❽	福祉サービス等 ❾		課題解決のための 本人の役割 ❿	評価時期 ⓫	その他 留意事項 ⓬
				種類・内容・量 （頻度・時間）	提供事業者名 （担当者名・電話）			
1								
2								

（1）各項目の記入内容

❶ 利用者及びその家族の生活に対する意向（希望する生活）

利用者の希望する生活の全体像を、できるだけ本人の言葉で前向きな表現に変えて記載します。抽象的なものではなく、具体的なものを示しましょう。また、本人と家族の意向は区別して記載しましょう。

❷ 総合的な援助の方針

アセスメントで抽出した課題について、相談支援専門員の立場でとらえたものを記載します。計画の指針であり、本人や関係機関で共通して取り組む方向を示します。

❸ 長期目標

半年から1年をめどに達成可能な目標を記載します。抽象的なものではなく、具体的でわかりやすいものを示しましょう。支援者側の目標ではないことに注意が必要です。

❹ 短期目標

3か月をめどに達成可能な目標を記載します。記載方法は、長期目標と同様です。

❺ 優先順位

今後取り組むことについて、優先順位を示します。緊急性があることや、すぐに取り組めることなど、本人や家族の気持ちも含めて考えましょう。

❻ 解決すべき課題（本人のニーズ）

支援課題について、専門用語は使わずに、本人の言葉を使って記載します。サービスとは直接かかわりのないニーズを記載してもかまいません。なお、「ヘルパー/就労継続支援B型を使いたい」などのサービスの種類を記載する項目ではないことに注意が必要です。

❼ 支援目標

解決すべき課題（本人のニーズ）について、相談支援専門員の立場でとらえたものを、支援者側の目標として記載します。

❽ 達成時期

具体的に達成可能な時期を記載します。

❾ 福祉サービス等

サービスの種類や内容、利用回数、利用時間数のほか、具体的な支援の内容、ポイントを記載します。フォーマルなサービスのほか、インフォーマルなサービスも含めます。本人のストレングスに着目して、サービスの利用を検討しましょう。

❿ 課題解決のための本人の役割

本人が取り組むことを具体的に記載します。わかりやすい言葉、本人がやってみたいと思える言葉を使うことが大切です。

⓫ 評価時期

達成時期をふまえて、適切と思われる評価時期を記載します。サービス開始直後などは、評価時期を短くするなどの工夫も必要です。

⓬ その他留意事項

各項目に記載できないものの、共有したほうがよい内容を記載します。

(2) ニーズ整理票の活用

　いざ計画を作成するとなると、どの欄に何を書くか、どこから記入するか悩む方も多いかもしれません。そこで活用してほしいのが、「ニーズ整理票」です。これは、アセスメントした内容について、相談支援専門員が整理するために使うものです。事実と推察・仮説、支援が必要なこと、相談支援専門員としてやろうと思うこと等を整理することで、見立てと手立てが見えてきます。ふだんは何気なく頭のなかで行っている作業を可視化できるツールです。

　たとえば、計画の「利用者及びその家族の生活に対する意向（希望する生活）」には、ニーズ整理票でまとめた本人の意向を100文字程度で要約して記入します。ニーズ整理票の下部「今回大づかみにとらえた本人像」を活かして整理するとよいでしょう。このときに重要となるのは、本人らしさを意識することです。できる限り本人の言葉を使うことで、自分が話したとおりだと本人に感じてもらえるとともに、関係機関にとってもイメージしやすいものとなります。

　初任者研修を実施するなかで、ニーズ整理票で本人像を的確にとらえていても、計画に落とし込む際に、文体や雰囲気が変わる方が多くいます。本人の言葉を紡いだ文章を活用

ニーズ整理票

インテーク		アセスメント		理解・解釈・仮説②（専門的アセスメントや他者の解釈・推測）	支援課題（支援が必要と作成者が思うこと）	プランニング
情報の整理（見たこと、聴いたこと、データなど：事実）		理解・解釈・仮説（作成者のとらえ方、解釈・推測）				対応・方針（作成者がやろうと思うこと）
本人の表明している希望・解決したい課題	（作成者の）おさえておきたい情報	本人	【生物的なこと】 【心理的なこと】 【社会性・対人関係の特徴】			
計画の「解決すべき課題（本人のニーズ）」を記入する際に役立つ					計画の「解決すべき課題（本人のニーズ）」を記入する際に役立つ	計画の「支援目標」を記入する際に役立つ
		環境			計画の「総合的な援助の方針」を記入する際に役立つ	

今回大づかみにとらえた本人像（100文字程度で要約する）
計画の「利用者及びその家族の生活に対する意向（希望する生活）」を記入する際に役立つ

出典：近藤直司『医療・保健・福祉・心理専門職のためのアセスメント技術を高めるハンドブック　第2版―ケースレポートの方法からケース検討会議の技術まで』明石書店，p.42，2015. を一部改変

し、本人らしさが表れた計画を作成することが大切です。

❸ 本人の希望やニーズの引き出し方

　計画作成においてむずかしいのは、本人から発される希望する生活が漠然としていたり、周囲から実現が不可能だと思われるものであったり、そもそも本人が希望を見出せていない、という場合です。また、児童のケースでは、知らず知らずのうちに親の希望や思いに寄ってしまい、実際にサービスを利用する子どもの希望やニーズを聞き取れていない、という場合もあります。

　たとえば、本人が「ふつうに暮らしたい」と希望している場合には、本人にとっての「ふつう」とは何かを掘り下げていく必要があります。また、希望が見出せていない場合や、現状維持でよいと言っている場合にも、本人がそのように思う背景を探ることが求められます。

　そのためには、ふだんの会話ややりとり、観察のなかで、好きなものや興味のあるもの、ストレングスを見つけていき、生活歴や家族関係等から総合的に本人の理解を深めていくことが欠かせません。自分の意思を表明することがむずかしい方の場合には、意思決定支援のプロセスを経て、意思や希望、ニーズを見立てていくことが求められます。本人の理解力に合わせ、相談支援専門員が説明や質問の仕方を変えることはいうまでもありません。わかりやすい言葉で答えやすい質問をして、アセスメントを深めていきましょう。

　また、計画作成においては、本人の気づきやモヤモヤを一緒に言語化していくことも重要です。悩みや不安のなかにいるという訴えも、本人の貴重な言葉として受け止めましょう。本人の気持ちや意向が変わることも当然あります。相談支援専門員には、その変化に柔軟に対応していくことが求められます。

　計画は相談支援専門員が1人でつくるのではなく、本人、家族、関係機関と一緒につくり上げていくものです。実現不可能と思われる希望であっても、スモールステップとしてどうするかを考え、それを計画に落とし込んでいくこともできます。かなわない夢と決めつけることなく、具体的で実現可能な目標を設定し、ステップアップしていけるようにしましょう。そして、計画作成をゴールとせず、目標実現というゴールに向かってモニタリングを継続し、必要時には計画の見直しを行いましょう。

　その人らしさが見える計画を作成していくことが、本人の希望する生活の実現につながります。

参考：週間計画表の様式と記入内容

　週間計画表は、1週間の生活を把握できるように具体的に記載するものです。公的な福祉サービスだけでなく、起床から就寝までの1日の流れ、趣味や余暇の活動、自宅での役割やルーティン（夕食の準備や食器洗い、犬の散歩など）も記載すると、よりその人らしさが見えてきます。

週間計画表様式例

サービス等利用計画・障害児支援利用計画【週間計画表】

利用者氏名（児童氏名）		障害支援区分		相談支援事業者名	
障害福祉サービス受給者証番号		利用者負担上限額		計画作成担当者	
地域相談支援受給者証番号		通所受給者証番号			

計画開始年月	

	月	火	水	木	金	土	日・祝	主な日常生活上の活動 ❶
6:00								
8:00								
10:00								
12:00								
14:00								
16:00								週単位以外のサービス ❷
18:00								
20:00								
22:00								
0:00								
2:00								
4:00								

サービス提供によって実現する生活の全体像	❸

　週間計画表は支給決定前であれば、計画案と申請者の現状（基本情報）、申請者の現状（基本情報）【現在の生活】を市区町村に提出します。支給決定後に週間計画表に変更があれば、変更したものと計画をセットで本人、関係機関に配付します。契約内容報告書と一緒に市区町村に提出することもあります。

【各項目の記入内容】

❶ 主な日常生活上の活動

　趣味や家庭での役割など、本人の生活が垣間見えるような内容を記載します。本人の人となりが見えるように意識しましょう。なお、週間計画表に記載した内容（「月〜金曜：生活介護」など）については、再度記入する必要はありません。

❷ 週単位以外のサービス

　毎週ではなく、隔週や月1回、もしくは数か月に1回など、不定期に利用しているサービスや、通院している病院等を記載します。継続して利用しているサービス（日常生活自立支援事業や子育て支援等）も記載します。

❸ サービス提供によって実現する生活の全体像

　サービスを利用して目指す生活について、相談支援専門員の立場で記載します。計画作成、サービス利用、提供の根拠を示します。

4 モニタリングに求められる視点

❶ モニタリングとは？

　モニタリングとは、「支援が計画どおりに進んでいるか、その結果、本人はどう感じているか、新たなニーズは発生していないか、支援目標は達成されつつあるのかなど、評価・確認をする局面」[6]であり、**本人の満足度や気持ちの変化を受け止めながら、計画の進み具合を振り返っていく機会**だといえます。また、「単なる評価・確認に留まらず、支援を通じて得た新たな情報を整理し、再アセスメントにつながる機会」[7]、つまり、**今後の支援計画の変更や修正に向けて、検討を深めていくプロセス**であるともいえます。そのため、「本人や周辺環境等、生活状況に変化が生じていることも想定しながら、本人や支援チームから得る情報を整理・分析することが必要」[8]であり、**より多くの情報を得て、その情報を整理・分析していくことに重きが置かれます。**

　サービス等利用計画や障害児支援利用計画（以下、計画）の支援目標が、本人の思いをくみ取り、適切な期間内に設定された具体的かつ評価しやすいものであれば、モニタリングにおける評価・確認はスムーズに行えます。さらに、本人と本人を取り巻く環境のストレングスに着目し、本人と家族が前向きになって取り組める支援目標を設定できていれば、それぞれの支援を通じて新たな情報を得ることができるため、なおさら評価・確認が行いやすくなります。モニタリングでは、このような**計画の支援目標をもとにした評価・確認に加え、サービス担当者会議をていねいに実施したり、個別支援会議に参加したりすることによって、さまざまな視点からの評価と分析を重ね、ほんのちょっとした本人の気持ちや暮らしの変化にも気づきながら、本人の満足度の高い支援の展開につなげることを目的とします。**

❷ モニタリングの実状

　サービス等利用計画（もしくは障害児支援利用計画）は、利用者の日々の暮らしを見つめ、これからの生活について本人とともに話し合ったことを書き表したものです。計画の対象者（利用者）が主人公であり、利用者のためになる計画作成のために、相談支援専門員は尽力します。一方で、**モニタリング報告書は、計画に示した支援目標の進捗状況を確認するだけでなく、利用者の気持ちや暮らしぶりの変化を細やかに感じ取りながら、利用者の伴走者として信頼関係を深めていくためのものです。**

---

6)　日本相談支援専門員協会監修，小澤温編集『障害者相談支援従事者研修テキスト 初任者研修編』中央法規出版，p.93，2020.
7)　同上，pp.93-94
8)　同上，p.95

図4　同様の福祉サービスを継続していく相談支援のプロセス

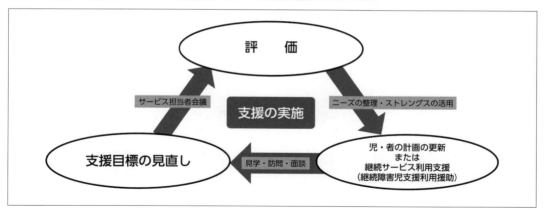

　そのように理解していても、計画とモニタリング報告書の作成期限に追われ、もうひと工夫していくことの大切さを感じつつも、結果的に現状維持の計画を作成してしまっていることがあるかもしれません。もちろん、必要だから同様の福祉サービスを継続していく場合は多々あります。図4のような相談支援のプロセスに留意しているのであれば、問題はありません。ただ、相談支援専門員自身が余裕のない毎日を送っていると、「現状維持でいこう」「現実的にはこうするしかない」「そもそもサービス提供機関が少ないから仕方ない」と考えてしまいがちです。とくに計画の作成に追われて疲れているときには、新たな視点を得て見方を変えていくことがむずかしくなります。

　また、新たな情報をあまり得られず、少ない情報のなかで推測を繰り返してしまうこともあるのではないでしょうか。「口にはしていないものの、本人は困っているのではないか」「現状の暮らしぶりから考えると、福祉サービスを利用する機会を増やしたほうがよいのではないか」「働きたいと言っているが、本当は仕事をしたくないのではないか」というように、相手の気持ちを読み取ろうとすることは大切です。ただし、根拠となる情報が十分にないなかで、相談支援専門員をはじめ、支援関係者が主観的な推測を重ねていくと、推測が推測を呼び、真のニーズをつかめないまま支援を継続してしまうことにつながりかねません。推測による意見が多く出てくる場合には、利用者のニーズに関してわかっていないことがたくさんあると考えられます。

　ここからは、事例を通してモニタリングの実状を振り返ってみましょう。

事例1　サービス担当者会議の目的が不明確なまま、モニタリングを実施した例

　小学3年生の男児。特別支援学級に在籍。5人家族、2歳上の兄と4歳下の弟がいる。放課後等デイサービスを週に5～6日利用。週末の土、日曜日に開所している事業所を利用し、受給量の月23日をほぼ使っている。ほかには、月に1回ペースで短期入所を利用している。学校や利用している事業所では子ども同士のトラブルが多く、相手を罵倒する言葉がよく出ているとのこと。

住まいは母方の実家の近所で、祖父母とも健在だが、交流はほとんどない。父親は単身赴任中。兄は学校を休むことが多くなっている。弟は保育所に通っているが、教室を飛び出してしまうことが多いとのこと。

　相談支援専門員は、モニタリングの際に、学校の担任、特別支援教育コーディネーター、放課後等デイサービスの児発管、さらには保健師にも呼びかけて、サービス担当者会議を実施した。

　その会議では、本人がよく起こしているトラブルの原因について話し合われた。「家で母親に叱られてばかりでイライラが募っているのではないか」「障害の特性として衝動性が強いことが原因ではないか」「母親は兄のことが心配で、本人に目が行き届かないのではないか」「弟のことで、保育所からは専門機関に相談してはどうかと話があったらしいが、そのことでも母親は不安になっているのではないか」「父親は子育てを母親に任せっきりにしているのではないか」などの意見が出た。

　相談支援専門員は、モニタリング報告書の作成において、会議で出てきた意見を参考にした。まずは母親の不安を軽減できるように、支援目標の1つとしていた「定期的に家庭での子育てについて話し合う機会をもちましょう」について、面談の回数を増やすことを考えた。また、短期入所の機会を月2回にし、母親が兄や弟と接する時間が少しでも増えるようにしてはどうかと考えた。さらには、弟のことも含めて医療機関との連携が大切だと考え、モニタリング報告書の「今後の課題・解決方法」で、病院受診について触れることとした。

事例2　本人の不安を確認しながらも、特別な手立てを示せなかった例

　48歳女性。就労継続支援B型事業所を利用。知的障害、障害者手帳の障害の程度は中度。人見知りが強く、緊張しやすいため、自分から話しかけていくことはないが、心を許している人とはよく話し、笑顔は見られる。ちょっとした段差につまずくことがあり、外出時は1年前から手押し車を使用している。身の回りのことは、声かけをすれば1人でできることは多い。母親は78歳で、父親は2年前に他界。ひとりっ子で、母親との2人暮らし。

　事業所では長年お菓子づくりの班で活動してきたが、座りたがることが多くなり、半日の立ち仕事はきついのではないかと考えて、1年前より軽作業の班に移って活動している。

　相談支援専門員は、母親が高齢になっている事情も考慮し、サービス担当者会議のほか、事業所が実施している個別支援会議にも毎回参加して、本人の様子を確認してきた。先日の個別支援会議では、作業中や休憩時間を問わず、週に何度か本人が涙を流していることがあるという報告があった。何が悲しいのかは確認できておらず、事業所からは「作業がしんどいのではないか」「ほかの利用者に大きな声が出る人がおり、その声が負担になっているのではないか」「どこか痛むところでもあるのではないか」「もっとゆったりと過ごせる活動の場のほうがよいのではないか」といった話が出てきた。母親からは、「娘も年を重ねて涙もろくなったんですかね」「お父さんがいないことが今になって寂しくなったんですかね」「私が家で、腰が痛いだとかしんどいだとか口にしてばかりなんですかね」「今の年齢でほかのところに移ったら、慣れるのに時間がかかりそうですから、娘は嫌でしょうね」といった話があった。

　モニタリング報告書は、会議での意見を参考にしつつも、支援の方向性として具体的な意見

はなかったため、本人に不安が生じていることを書き、利用する事業所はこれまでどおりとし、受給量も変更なしで作成した。

事例1、事例2に目を通し、どのようなことを感じましたか？

相談支援専門員は、**事例1**ではサービス担当者会議を開催して関係機関の意見を聴取しており、**事例2**では事業所が開催した個別支援会議に参加して事業所での本人の様子や家族の意見を聞き取っています。

着目すべきは、会議で出てきた意見の性質です。どれも「〜ではないか」という推測の意見となっています。本人の気持ちに寄り添おうとする姿勢は感じますし、何とかしたいという支援者の思いも伝わってきます。しかし、推測ばかりでは支援の方向性は見えてきません。見えてこないばかりか、会議に費やす時間も長くなってしまいます。時間を管理し、結論を見出し、次の会議までにそれぞれが担う役割を提案することが求められます。

では、そのために、相談支援専門員として何をどのようにすればよいのでしょうか。次項ではその点を詳しく見ていきます。

❸ モニタリングで相談支援専門員に求められる役割

（1）情報を整理し、わかっていないことを明確にする

相談支援専門員の重要な役割の1つは、情報の整理です。誰が、いつ、どこで、誰に、何を、どうしたのか、という事実を確認し、時系列に整理することが求められます。

そのためには、一つひとつの貴重な意見に対し、関心をもって切り返していくことが必要です。とくに、「主語」と「いつのことなのか」を確認するようにしましょう。これは、たとえば相談支援専門員の相談の場面において、「子どもの発育が気になります」「発達障害ではないでしょうか」「このところ物忘れがひどいのです」といった相談を受けることがあります。こうした相談は、それぞれ話をした本人が現在そう思っていると思い込んでしまうことがよくありますが、「あなたがそう感じたのですか」と確認すると、「姑が気にしているようです」とか、「友達に指摘されました」という答えが返ってくることもあります。さらに、いつのことなのかを確認すると、「半年前のことで、それからたびたび電話がかかってくるようになり、そのことが私の一番のストレスです」と答えが返ってくることがあります。そうなると、はじめの訴えのイメージとは異なってきます。一つひとつ確認すると、そんなこともわからないのかと相手をイライラさせてしまうかもしれませんが、勝手な思い込みで話がずれてしまった場合には、もっとイライラさせてしまうことになります。本人がそう感じているのか、もしくは誰かにそのことを指摘されたのかを確認したうえで、そう感じるきっかけがいつあったのかを聴かせていただきましょう（家族から話を聴くときは、なおさら気をつけなくてはいけません。何度も面談を重ね、家族との信頼関係が深まっていくと、本人の近況を聴かせていただいているときに、話しているご自身の出来事や思いを語っていることがあります。また、パートナーの価値観であったり、

本人のきょうだいの話であったり、本人の祖父母の思いなどが話の間に入っていることもあります）。

　事例に目を向けると、**事例1**の「家で母親に叱られてばかりでイライラが募っているのではないか」という意見に対しては、「なるほどですね。ところで、お母さんが本人を叱っているという情報は、誰からいつ話があったのですか？」という確認が必要です。その確認をするだけでも、支援の方向性が違ってくるかもしれません。たとえば、「母親からの愛情不足から本人がいらだっているのではと、私が感じています」といった答えが出てくるかもしれません。そうなると、子どもを叱ってばかりとは限らないのではないか、愛情不足だと評価できる根拠はないのではないか、といった話の流れになるかもしれません。

　また、「本人の兄や弟のことで母親は大変」「単身赴任中の父親は子育てに協力的ではない」という情報は、母親から直接聞き取ったわけではありません。母親と実家との交流がないことしかわかっておらず、兄の学校への行き渋りや父親の単身赴任などの情報だけで想像をふくらませてしまうと、結果的に母親をより一層孤立させてしまうことにもつながります。「～ではないか」という考えには支援者の価値観が含まれており、それが家族を苦しめてしまうこともあるため、気をつけなければなりません。

　この事例では、母親に対する子育ての支援や不安の軽減を重視しています。しかし、実際に母親が混乱しているという情報は確認できていません。また、不安を訴えているという情報もありません。そのため、母親は不安なく、子育てを楽しみながら、日々を懸命に暮らしている、という可能性もあるのです。きっと大変だろうと思い込むことは避けなければなりません（周囲の誤解や思い込みを少なくしていくことは、エンパワメントの視点による支援の留意点の1つです）。

　事例2は、本人の不安についての情報をもっと集めなければなりません。事業所や家庭における環境の変化など、変わったことはないかを細かく観察する必要があります。とくに、涙を流すようになる2～3か月前から今日に至るまでの変化をていねいに確認することが求められます。そのためには、事業所の職員やほかの利用者、家族、身近な人に、何か気になるような出来事はなかったかを聴くことが有効でしょう。

　そうしたなかで、母親からは「娘も年を重ねて涙もろくなったんですかね」という話が出ており、相談支援専門員もそれに納得してしまったようです。せめて、「娘さんが年を取ったなと感じたエピソードはありますか？」「涙もろくなったなと家庭で感じたことはありますか？」などと尋ねていきたいものです。また、母親の「今の年齢でほかのところに移ったら、慣れるのに時間がかかりそうですから、娘は嫌でしょうね」という発言は、事業所側から「もっとゆったりと過ごせる活動の場のほうがよいのではないか」という話が出てきたことへの反応ではないかと考えられます。「事業所は今後、娘を見てくれないのではないか」という不安な気持ちがふくらまないように、互いの意見を今のうちに掘り下げておくとよいでしょう。どちらの考えも、本人のためを思っての意見ですので、どのような場面でそう感じたのかを含めて意見を出し合っていくべきです。

　むずかしいことを述べているわけではありません。まずは、実際に確認できたことを整

理整頓していけばよいのです。そうすることで、わかっていないことが明確になり、もっと聞き取りをしていく必要があることに気づけるはずです。そもそも、本人に確認していないことにも気づけるでしょう。そして、試しにこうしてみたら本人の気持ちが見えてくるのではないか、という検討をしてほしいと思います。

　モニタリングの大きな目的は、これまでの情報を整理し、新たな情報を確認していくことです。わかっていないことを確認できたら、次回のモニタリングまでに新たな情報を得るために、誰が、いつ、どこで、どのようなことを行えばよいのかについて、1つでも決めることを目指しましょう。

(2) 利用者を理解するための方法を検討する

　利用者を理解したつもりにならないようにすることにも注意が必要です。たとえば、サービス担当者会議等で話し合うときに、「思春期だから」「反抗期だから」「高齢だから」などと、年齢による一般的な特徴をもち出し、納得しようとすることがあります。イライラしがちで周りの人に攻撃的な言動を示すのであれば、いつ、どこで、誰に、どのような言動を示したのかを確認しましょう。また、「自閉症だから」「ダウン症だから」などと、その障害の一般的な特徴を取り上げ、話をまとめようとすることもあります。「こだわりが強い」のであれば、何に対して、どのような場面と時間帯にこだわりが見られるのか、いつごろからこだわりはじめ、現在はどれくらいの頻度で見られているかなどについて知っておく必要があります。「こだわりが強い」ことを単に障害の特性として片づけるのではなく、より深く理解しようとすると、実は本人にとって影響力のある周囲の人の言動をまねていただけであったり、特定の場面での不安と緊張を本人なりにほぐすためであったり、単にやりたくないことを日々強いられていることによって発現していたりすることがわかる場合もあります。

　年齢的な特徴や障害の特徴を知っておくことは大切ですが、そのような大きな枠で物事をとらえると、そこで理解できたかのような錯覚に陥ってしまいがちです。そしてその錯覚は、もっと話し合いを深めていけばよいのに、「仕方ないのかな」という雰囲気につながります。やはり、その時々で本人の気持ちは違ってくるものですし、意思を表明していく過程も場面によって変わるでしょう。行動の理由についても、その場にいた相手によって異なると思います。相談支援専門員としては、利用者をきちんと理解して支援の方向性を考えたいと思うはずです。そのためには、わかりたい、気持ちに近づきたいという思いを重視した検討のプロセスに手間をかけましょう。わかりたい、気持ちに近づきたいと感じていれば、もっと事実を確認したくなるはずです。

　繰り返しますが、推測したことばかりを重ねた話し合いでは具体的な結論は見えず、その次のモニタリングでも同じような内容の話し合いをしてしまう可能性が高くなります。すると、会議自体がマンネリ化し、参加者には疲労感だけが残ります。「あまり変化はないし、モニタリングで話し合うことはない」と感じている参加者がいるのであれば、有効なモニタリングができていないと考えられます。

そもそも、ひとの気持ちを理解することはむずかしいものです。30年連れ添って暮らしてきた夫婦が「夫／妻が何を考えているのかわからない」と口にすることは、めずらしいことではありません。「あなたのことはよくわかっている」と言われてうれしくなることもありますが、腹立たしく感じることもよくあることです。

　そのため、**モニタリングでは、すべてを一気に理解しようとするのではなく、今ある情報を整理してわかっていなかったことを明確にし、それを1つずつ確認していく姿勢が大切です**。本人がどのように感じているのかを確認するための方法について、いつまでに、誰が、どのようにトライしていけばよいのかを話し合い、本人（家族）の承諾を得てモニタリング報告書にまとめていくと、本人を交えた会議は活性化します。

　ちなみに事例のその後について、**事例1**では、会議の目的を毎回明確にして実施し、ある会議で「週末は家でのんびり過ごしたほうがリフレッシュできるのではないか」「きょうだいげんかが多くなり母親のストレスは大きくなるかもしれないが、土曜日、日曜日の両日を家で過ごす機会をつくってみたらどうなるのか」と母親に伝えると、母親は「事業所を休ませていいのですか？」「たしかに家にいるとうるさいですが、事業所に行って療育を受けさせなければいけないと思っていました」と話していました。週末は家で過ごすことを少しずつ何度か試していくと、本人も週末は家で過ごしたいと口にするようになり、週末の事業所の利用はなくなっていきました。のんびりと好きなことをできる時間を確保できたことがよかったのか、結果として学校や事業所での子ども同士のトラブルはほとんどなくなりました。

　事例2では、関係者のアドバイスを受けて再度会議を開き、本人が涙を流すようになりはじめた以前の出来事を聞き取っていきました。そうすると、2か月ほど前に1人の利用者が退所されたことがわかりました。その人と本人のそれまでの関係を尋ねると、別の作業をされていた方で、特別仲良くしていたわけではなかったのですが、その人が持参してくる週刊誌を昼休憩に一緒に見ていることがあったそうです。その情報をもとに、退所された方の写真を机において、昼休憩に週刊誌を見る時間をつくるようにしました。そのことがよかったのか、本人が涙を流すことはなくなりました。

❹ 相談支援専門員が目指していく情報の整理とは？

　情報の整理といっても、まずはモニタリングで新たな情報を得ることが必要です。新たな情報が増えていかないと、変わりばえのない計画やモニタリング報告書を作成することになってしまいます。同じ内容のものを見せられても本人や家族は新たな希望をもてませんし、ほとんど読まないままファイルにはさんでいることもあるようです。

　計画や継続サービス利用支援において、本人の状態にあまり変化がない、日々の生活についても変わりはない、といった事例では、何年も同じような計画とモニタリングを繰り返していることが少なくありません。しかし、これは新たな情報を得るためのしかけがな

いからではないでしょうか。同じような生活ぶりであっても、ひと月前と今はまったく同じではないはずです。寝つきや朝起きたときの気分が違っていたり、気に留めないようにしている出来事があったり、ひそかに考えていることが出てきたりしているものです。

　ここでは、新たな事例を通して、モニタリング場面における相談支援専門員の役割について考えていきたいと思います。

事例3　本人の状態を確認し、今後の支援の方向性を具体的に検討した例

　24歳男性Eさん。特別支援学校高等部を卒業したあと、民間会社の建物内の清掃業務に従事。障害者枠での雇用。所定の部署の掃除機かけや床拭き、ゴミ処理等にはまじめに取り組むものの、パソコンに興味があり、社員がパソコンを使っていると画面をのぞき込んでしまうことが続いていた。また、通りがかった社員の社員証を声に出して読もうとしてしまうことも続いていた。会社としては、障害者就業・生活支援センターと連携し、その対応について協議を重ね、「やっていいこと」「やってはいけないこと」をわかりやすく示してきたが、社員からの苦情が何度もあり、就職して3年になるときに退職するに至った。

　その後、再就職を目指していくために、就労移行支援事業所の利用を考え、いくつかの事業所を見学した。ただ、特別支援学校の高等部では、ほぼ清掃業務に関することしか経験しておらず、ピッキング作業や机上での軽作業等、さまざまな作業を体験することには抵抗があった。結果として、就労継続支援B型事業所に通所を開始し、半年が経過した。

　4人家族であり、兄は他県で就労。父親は来年定年を迎える。母親は会社員。事業所の工賃は月に1万円前後で、本人は給料をもらっていることに満足している。月に1回ヘルパーと外出し、買い物をしたり、ゲームソフトを見に行ったりすることを楽しみとしている。事業所では週に2～3日、外部の清掃作業を請け負っており、その仕事には張り切って取り組んでいるとのこと。ほかの時間は事業所内での軽作業だが、座って行うことには集中できず、あくびを繰り返しているという。

　両親は企業での雇用を望んでおり、まずは就労継続支援A型事業所や就労移行支援事業所を利用してはどうかと考えている。そのため、モニタリングは3か月ごとに実施してきた。両親は、本人が週のはじめなどに、通所している事業所を休みたがることがあることを気にしている。

　現在利用している事業所の利用を開始して9か月目のモニタリング時に実施した会議で、相談支援専門員は、利用している事業所のサビ管、障害者就業・生活支援センターの職員、今後利用可能な地域の就労継続支援A型事業所のサビ管と母親に参加してもらった。母親に対し、相談支援専門員は「最近のEさんは、夕食後に何をしているのですか？」「週末は何をして楽しんでいますか？」と尋ねた。母親からは「相変わらずです。ゲームをしたり、近所をうろうろしたりしています」「菓子パンや駄菓子を買いたがり、太るからダメだと言うと、いつ買ってくれるのかとしつこく聞いてくるので、気がまいっています」「近所に住んでいる私の母の家に勝手に行き、何度もねだるため、根負けした母はお小遣い（200円）をあげています」との答えがあった。1人で買い物に行っているのかを確認すると、「買い物ついでにいろんなところに行っているようです」「先日は不審者と思われて通報をされました」とのこと。相談支援専門員は「心配でしょうが、1人で外出することが増えてきたのですね」と話した。

利用している事業所のサビ管には、Ｅさんが張り切って取り組んでいる清掃作業の様子を詳しく報告してもらった。Ａ型事業所のサビ管には、Ａ型事業所が目指していることと、事業所として具体的にサポートしている内容について話してもらった。障害者就業・生活支援センターの職員には、一般就労している方々にどのような支援を行っているのかを話してもらった。そのうえで、Ｅさんが求めていることやこだわっていることについて、意見を求めた。

　会議では、「ビジネスマナーをもっと身につけていかないと、一般就労はむずかしいのではないか」「現在利用している事業所の様子から、しばらくは今の事業所の利用を続けたほうがよいのではないか」「清掃作業以外に取り組める仕事を見つけることも大切なのではないか」といった意見が出て、母親はうつむき加減になっていたため、その都度、「Ｅさんの求めていること、こだわっていることについてお話しください」と意見の修正を求めた。「また、Ｅさんのこういった状況からこのように感じている、といったお話をしてください」とお願いした。

　その後は、「机上の軽作業を行っているときにあくびばかりしている様子から、ゲームを夜遅くまでして眠いのかなと思っていましたが、清掃作業の様子を見ていると、身体を動かして作業するほうが合っているのかなと思います」「買いたいものやゲームソフトの話をすると、よく反応してくれるので、おしゃべりはしたいのかなと思います」「帰る時間を気にしていることがよくありますが、家に早く帰ってゲームをして過ごしたいようです」「工賃などお金の額にこだわりはなく、お金に関しての就労意欲はあまりないと思っていましたが、買いたいものは日々あるようですから、自分で自由に使えるお金は欲しいのでしょうね」「菓子パンや駄菓子を買いたがるとのことですが、もらっているお小遣いが200円なので、その額でいくつか買えるのが菓子パンや駄菓子なのではないでしょうか」といった意見が出てきた。

　会議は40分を経過したので、母親には、また通報されることがあればすぐに知らせてほしいことと、一度500円を持たせる機会をつくってほしいことを話した。利用している事業所のサビ管には、事業所内の作業で身体を使う内容があれば役割をもってもらい、そのときの様子を教えてほしいと伝えた。障害者就業・生活支援センターの職員には、短時間労働としてどのような仕事があるのかを具体的に教えてほしいと伝えた。そして、次回のサービス担当者会議を3か月後に行う了承を得て会議を終えた。

　この事例において、相談支援専門員の役割は明確です。これまでの情報を整理し、ストレングスの視点を重視した検討を重ね、新たな情報を得るためにそれぞれが担うことを提案しています。また、一般論としての意見よりも、根拠のある意見を求め、軌道修正しながら会議を進めています。こうした会議が実施できれば、モニタリング報告書に記入する事柄は、会議内容を整理し、反映したものになっていくことでしょう。

　意見がなかなか出ない場合には、事実として確認できた具体的な本人の様子を取り上げ、「このことについてどう感じましたか？」と尋ねてみるとよいでしょう。「わからない」といった答えが出てきたら、どんなことを試したらもっと理解できるのかを考えていきましょう。

❺ モニタリングに求められる視点とプロセス

モニタリングに求められる視点とプロセスは、**図5**のようにまとめられます。

まずは、**情報の整理**です。支援場面の情報の整理とこれまでの支援目標の確認までは、多くの相談支援専門員が行っているはずです。求められるのは、これらに加え、支援場面以外の生活の様子についてもていねいに確認することです。ただ、時間には限りがありますので、どの場面を重点的に確認するかを絞ることが大切です。具体的には、「前回は平日の夕方以降を重点的に確認したので、今回は週末の朝から夕方までの様子を聴かせてください」など、話を深められるように留意しましょう。少なくとも、「何か変わったことはありませんでしたか？」という問いは避けなければなりません。そのような問いからは、「毎回欠かさず観ていたドラマが終了した」「G店に買い物に行っていたが、このところK店に行っている」「時折自炊していたが、今は週末の夕食は必ず自炊している」「旅行に行きたいと言っていたが、今はソロキャンプをしてみたい」というような貴重な情報を聴くことがむずかしくなります。

次に**検討**をしていくことになりますが、これは「評価」のプロセスと言い換えることができます。ここで留意したいのは、評価は複数名で行うことによって成り立つということです。どんなによい情報があっても、1人で評価してはいけません。これは、現実的かつ有効な支援を実施するためには、チームとして支援していくことと、情報の共有を行うことが求められるためです。

そして、検討したことをもとに、**計画作成・モニタリング報告書の作成**を行います。意義のある検討ができていれば、その内容を書き、まとめるだけのプロセスだといえます。

図5　モニタリングに求められる視点とそのプロセス

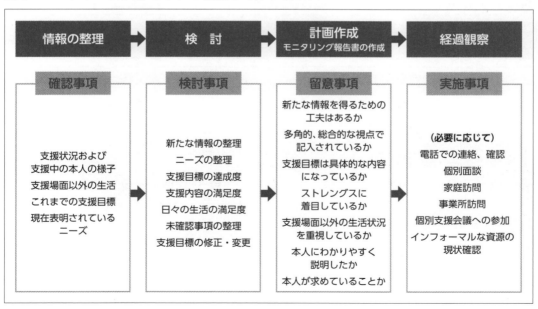

ここで重要なのは、これまでに述べてきたように、わからなかったこと、確認できなかったこと、もっと細かな情報が欲しいことなどを、場合によっては支援目標として、または、「今後の課題・解決方法」や「その他留意事項」などの欄に示すことです。

その後は、次のモニタリングまで、**経過観察**を行います。これは、次の情報整理に結びつけていくための支援のプロセスです。ケースの状態によりますが、必要に応じて家庭や事業所へのアウトリーチを行いましょう。

参考：モニタリング報告書の様式と記入内容

モニタリング報告書とは、計画で示したモニタリングの時期に、支援の方向性や支援内容、本人の気持ちを確認し、計画の変更が必要かどうかを検討するためのものです。計画変更の必要性がなければ、この報告書を市区町村に提出することになります。ただし、計画変更が必要かどうかの確認だけを目的としたモニタリング報告書は、相談支援の目的を果たしているとはいえません。前段の「モニタリングに求められる視点とプロセス」の文章とあわせて、以下の記入内容を読んで確認していきましょう。

モニタリング報告書の様式については、市区町村や使用している記録入力ソフトによって形式が異なることがありますが、本書では厚生労働省が示しているモデルで説明します。

モニタリング報告書様式例

モニタリング報告書（継続サービス利用支援・継続障害児支援利用援助）

利用者氏名（児童氏名）		障害支援区分		相談支援事業者名	
障害福祉サービス受給者証番号		利用者負担上限額		計画作成担当者	
地域相談支援受給者証番号		通所受給者証番号			

計画作成日		モニタリング実施日		利用者同意署名欄	

総合的な援助の方針	全体の状況
❶	❷

優先順位 ❸	支援目標 ❹	達成時期 ❺	サービス提供状況（事業者からの聞き取り）❻	本人の感想・満足度 ❼	支援目標の達成度（ニーズの充足度）❽	今後の課題・解決方法 ❾	計画変更の必要性			その他留意事項 ❸
							サービス種類の変更 ❿	サービス量の変更 ⓫	週間計画の変更 ⓬	
1							有・無	有・無	有・無	
2							有・無	有・無	有・無	
3							有・無	有・無	有・無	

【各項目の記入内容】

❶ 総合的な援助の方針

計画変更の必要性がなければ、多くの場合は計画で示した総合的な援助の方針をそのまま書き写します。次の計画の更新までの方針ですから、大きな出来事がなければ、その方針を変える必要はありません。ただし、サービス担当者会議で話し合ったことや本人の近況でのトピックスなどのなかからキーワードを見つけ、文章に差し込むことで、援助の方針の文章は活き活きしたものとなります。

一方で、ひと手間かけていくことになりますが、❾の「今後の課題・解決方法」を先に記述し、そこに記述したことのまとめとなる文章を、モニタリングにおける総合的な援助の方針とすることも考えてみましょう。

❷ 全体の状況

生活全体をまとめて記述することは、案外ハードなことです。あれこれとたくさん書いてしまうか、本人に変化がないと簡単に書き入れてしまっていることがあります。大切なのは、「全体」という言葉を意識しすぎずに、報告書の読み手を意識して、伝えたい場面を焦点化することです。生活全体のなかで、どの場面のことを確認したいのかを考えていきましょう。読み手が家族で、通所している事業所での様子を気にしているのであれば、その様子を簡単に記せばよいのです。帰宅してからの生活での不安が大きければ、その変化の状況を中心に記すことを心がけます。

また、❼❽に記したことのまとめとすることを意識しましょう。本人の気持ちを重視した支援を行っていくため、「全体の状況」に本人の気持ちを表す文章を入れていくことは必然とも考えられます。

❸ 優先順位

前回の計画、またはモニタリング報告書に記述した優先順位を書き写します。その順位が適切だったかどうかは、モニタリングにおける評価の対象となります。新たな情報をもとに、サービス担当者会議や面談で振り返りを行います。

❹ 支援目標

前回の計画、またはモニタリング報告書に記述した支援目標を書き写します。支援目標の設定内容が適切だったかどうかは、モニタリングにおける評価の対象の中心です。

❺ 達成時期

前回の計画、またはモニタリング報告書に記述した達成時期を書き写します。優先順位、支援目標と同様に、モニタリングにおける評価の対象です。優先順位との関連性（優先順位が高いほど、達成時期を短くする場合もあることなど）を意識することも大切です。

❻ サービス提供状況（事業者からの聞き取り）

公的福祉サービスについては、計画と同様に、必要な受給量を示すだけでなく、今回のモニタリングまでの利用状況で、多く利用した月や週の日数や時間を記述します。サービス提供状況の詳細は、基本的に会議や面談の記録に書きます（公的福祉サービスの利用状況は事業所が記録しますので、相談支援専門員が記録する必要があるのは、公的福祉サー

ビス以外の支援目標に関する状況です）。公的福祉サービス以外のことも含めて、❶の「総合的な援助の方針」や❹の「支援目標」の内容に関連する出来事や、❼❽❾につながる内容のなかでトピックスとなることに着目して記述するよう留意しましょう。

計画変更の必要性がなくても、利用先を変えた、またはこれから変えることはあり得るため、その場合はわかるように明記します。

❼ 本人の感想・満足度

ここに何を書くのかが、最も重要です。相談支援専門員としての支援の質が高まっていけば、「支援内容についてどう感じましたか？」「これまでの内容でよかったですか？」という問い方はしなくなります。そう問われて、利用者が「嫌だった」「しんどかった」とは簡単に答えられないと理解しているからです。言葉での表現ができない方では、いくつかの場面から気持ちを読み取っていくことが必要ですが、いずれにしても本人でさえ意識できていない潜在的な気持ちに寄り添おうとしているかどうかは、ここに記入する内容で伝わります。その後の信頼関係に大きく影響を及ぼしていくことでしょう。

❻の「サービス提供状況（事業者からの聞き取り）」のなかで、本人の気持ちが表れている出来事を選んで記入するようにしましょう。「嫌だった」「しんどかった」といった言葉が聞かれていても、どのようにしてほしかったのかなど、前向きな気持ちを表す文章を入れていきましょう。

❽ 支援目標の達成度（ニーズの充足度）

❼の「本人の感想・満足度」とあわせてモニタリング報告書の肝となる項目です。「支援目標の達成度」という言葉から、計画で示された支援目標が、達成時期内でどのくらいゴールにたどり着いているのかを評価する項目と考えられますが、括弧内の「ニーズの充足度」がより重要です。❼に記述したことについて、支援者として推測できることを記入していく項目と考えましょう。実はこう感じているのではないか、本当はこうしたいのではないか、といった推測を会議等で集め、そのなかで❾の「今後の課題・解決方法」につながる事柄を記入します。

相談支援の目的である意思決定支援やエンパワメントのために、相談支援専門員が支援の対象者とどう向き合っているのか、第三者としてはこの項目の文章で知ることができると思います。

❾ 今後の課題・解決方法

❿⓫⓬の「計画変更の必要性」が「有」であれば、その根拠となることを書きます。「無」であれば、サービス提供状況における本人の気持ちや充足度に対して、これからの支援内容を示します。多くは❹の「支援目標」を継続することと、支援目標に付け加えることがあればそのことを記入します。一方で、本人の気持ちにさらに寄り添い、共感していくための手立てや、体験してほしいこと、チャレンジしてみてはどうかという提案を考えて記入することも重要です。そのことで次回のモニタリングで検討すべきことが明確になります。

❻の「サービス提供状況（事業者からの聞き取り）」で得られた情報をもとに、今後の

支援内容を「解決方法」として具体的に記入することもありますが、事業所における支援内容は個別支援計画に示していくことになります。モニタリング報告書では、「課題・解決方法」を具体的に示すのではなく、サービス担当者会議で出てきた意見をもとに、解決の方向性を大まかにまとめていくことを心がけましょう。

❿⓫⓬ 計画変更の必要性

❿の「サービス種類の変更」、および⓫の「サービス量の変更」に１つでも「有」があれば、モニタリング報告書ではなく、計画を作成して市区町村に提出することが必要となります（モニタリング報告書とあわせて計画を提出すれば、支援としてはていねいですが、実際は変更した計画を提出するのみの対応で十分です）。❿は「無」でも、⓫だけ「有」、または⓬だけ「有」、⓫⓬共に「有」ということがあります。

⓭ その他留意事項

❻の「サービス提供状況（事業者からの聞き取り）」の項目に補足があれば、この項目を使いましょう。または、❾の「今後の課題・解決方法」についての付け加えをここに書くのもよいでしょう。とくになければ空欄のままでよいのですが、今回のモニタリングまでに起こった出来事で本人が前向きな気持ちになったエピソードや、次回のモニタリングの機会を楽しみにしてもらえるようなメッセージを書くことも考えてみましょう。

5 相談支援にかかる報酬加算の概要

みなさんは、日常の相談支援業務において各種加算を意識しているでしょうか。「細かくて覚えるのが大変」「知っているけど書類作成が面倒」「（体制加算は）24時間連絡体制が不安で届出をしていない」「給与に影響しないから加算には消極的」などの声を時々耳にします。

たしかにわかりにくいところはありますが、質の高い相談支援をしているのならば、堂々とその対価は得るべきです。相談支援ほど、自分の活動がお金で見える事業はありません。がんばった分はしっかりと雇用主に示していきましょう。そして、一緒に相談支援に取り組む仲間を事業所に増やしていきましょう。

相談支援は複数人からなるチームで実施することにより、サービス提供の質を上げられます。それは、チームメンバーの知識や技術を間近で吸収することができるほか、チームメンバーが把握する社会資源や各種情報を共有することができるからです。また、お互いをフォローし合えるとともに、労い合うことで、燃え尽きの防止にもつながります。

さて、ここからは、報酬の成り立ちから2023（令和5）年現在に至るまでの変遷と報酬加算について、できるだけわかりやすく解説していきたいと思います。確実に加算を取得してみなさんの事業所の拡大につなげていただければ幸いです。

❶ 2015（平成27）年度までの改定について

2006（平成18）年の障害者自立支援法の施行によりケアマネジメントが法定化され、「サービス利用計画作成費」という名称で、わが国では初めて相談支援にお金がつくようになりました。当時は850単位（利用者負担上限額管理を含む場合は1,000単位）のみであり、加算は何もありませんでした。

当時の支給対象は、①地域生活への移行者、②単身生活者、③重度障害者等包括支援の対象者に限られていました。なお、2009（平成21）年度の改定で「特定事業所加算」と「特別地域加算」の2つの加算が認められましたが、支給対象が拡大されなかったため、相談支援事業のみで独立することは困難な状況でした。サービス利用計画作成費の算定件数は全国的に低調で、2008（平成20）年4月現在で1,919人分しか作成されていませんでした[9]。

2012（平成24）年4月には、障害者の相談支援体系および報酬額が大幅に見直され、障害児相談支援が位置づけられるとともに、障害福祉サービスを利用するすべての利用者にサービス等利用計画の作成が義務づけられ、その後、相談支援専門員の従事者数とサービス等利用計画の作成数は右肩上がりに伸びていきました[10]。

---

9) 「社会保障審議会障害者部会報告」（2008（平成20）年12月16日）より

表3 特定事業所加算の要件について

2009（平成21）年	2015（平成27）年
サービス利用計画作成費（Ⅰ）：850単位	サービス利用支援費（Ⅰ）：1,611単位
特定事業所加算：450単位/月	特定事業所加算：300単位/月
①　相談支援従事者現任研修を修了した相談支援専門員を1名以上配置していること。	①　常勤かつ専従の相談支援専門員を3名以上配置し、かつ、そのうち1名以上が相談支援従事者現任研修を修了していること。
②　事業の主たる対象とする障害の種類を定めていないこと（定めている場合であっても、ほかの相談支援事業所と連携することにより、対象としていない障害の種類についても対応可能な体制としていること）。	②　利用者に関する情報またはサービス提供にあたっての留意事項にかかる伝達等を目的とした会議を定期的に開催すること。
③　自立支援協議会に定期的に参加する等、医療機関や行政との連携体制をとっていること。	③　24時間連絡体制を確保し、かつ、必要に応じて利用者等の相談に対応する体制を確保していること。
④　事業所の相談支援専門員に対し、計画的な研修または事例の検討等を行う体制を整えていること。	④　すべての相談支援専門員に対し、相談支援従事者現任研修を修了した相談支援専門員の同行による研修を実施していること。
⑤　障害者自立支援法第77条第1項第1号の事業（市町村が実施する相談支援事業（地域生活支援事業））の全部または一部について、市町村から委託を受けていること。	⑤　基幹相談支援センター等から支援が困難な事例を紹介された場合においても、計画相談支援等を提供していること。
	⑥　基幹相談支援センター等が実施する事例検討会等に参加していること。

　相談支援事業で独立を考えることができるようになったのは、障害者総合支援法が施行されたあとの、2015（平成27）年度の改定後からです。「特定事業所加算」が新設され、質の高い相談支援を提供している事業所には、基本報酬に加えて300単位が加算されることになりました。「特定事業所加算」の要件は、常勤かつ専従の相談支援専門員を3名以上配置することや、24時間連絡体制を確保することなど、ハードルの高さはありましたが、1件あたりの計画作成費としては、2006（平成18）年の850単位から1,611単位へと、約倍の単位となったこともあり、特定事業所加算を算定できる事業所においては、職員1人あたり、月に35件前後を算定することで、経営の見通しが立つようになりました。

　なお、2015（平成27）年度の改定においては、障害児相談支援に500単位の初回加算が新設されていますが、それは障害児相談支援のアセスメントにおいて、障害児の居宅を訪問することが基準省令（第15条第2項第6号）で義務づけられているからです。

　以上のように、相談支援の加算については、「特定事業所加算」が始まりといえます。当時の特定事業所加算の要件を整理すると、**表3**のようになります。

10）　2015（平成27）年10月実績における計画利用者は、10万3,804名。

表3からは、質の高い事業所の要件として、次の4つが求められていたことがわかります。

> ❶ 現任研修修了者を含む複数の相談支援専門員が配置されていること。
> ❷ 事業所内での情報共有や自立支援協議会への参加等が求められていること。
> ❸ 事例の検討を含む事業所内外のOJT、Off-JT体制が構築されていること。
> ❹ 24時間の連絡体制や支援が困難な事例に相談支援を提供していること。

これらは、その後の報酬改定でも形を変えながら引き継がれた重要な要件です。

❷ 2018（平成30）年度の改定について

2006（平成18）年に相談支援が法定化され、2012（平成24）年に相談支援体系が大幅に見直されたことにより、わが国の相談支援は量的な拡大が進み、2017（平成29）年6月時点でのサービス等利用計画の作成率は、全国平均で98.2％にまで達しました[11]。量的な課題が解決に向かう一方で、質的な課題は積み残されていたため、2016（平成28）年3月から「相談支援の質の向上に向けた検討会」が開催され、相談支援従事者研修事業の見直しが行われた結果、2018（平成30）年4月には主任相談支援専門員が創設されました。

また、2018（平成30）年度の改定では、基本報酬に上乗せする各種体制加算が創設されました。さらに、それまではサービス等利用計画の作成時とモニタリング時の2種類の報酬でしか評価されていなかったものが見直され、実施した支援の専門性と業務負担が適切に評価されるようになりました。

（1）基本報酬に上乗せする加算

2018（平成30）年度の改定では、相談支援事業所が段階的な体制整備を図れるよう、特定事業所加算（Ⅰ）〜（Ⅳ）の類型に細分化され、主任相談支援専門員を配置している特定事業所加算（Ⅰ）は500単位の算定ができるようになりました。その他、基本報酬に上乗せできる加算として、「行動障害支援体制加算（35単位）」「要医療児者支援体制加算（35単位）」「精神障害者支援体制加算（35単位）」があります。

相談支援事業所の経営には、これらの加算の有無が大きな影響を与えます。参考までに、比較表を掲載します（**表4**）。

11）障害福祉サービス等報酬改定検討チーム「計画相談支援・障害児相談支援に係る報酬・基準について≪論点等≫」第14回（2017（平成29）年11月10日），資料3，p.27.より

表4　加算あり / なしの比較

例1　○○事業所：常勤4名体制、主任あり

サービス利用支援費（Ⅰ）	1,458 単位		継続サービス利用支援費（Ⅰ）	1,207 単位
特定事業所加算 （Ⅰ）	500 単位		特定事業所加算 （Ⅰ）	500 単位
行動障害支援体制加算	35 単位		行動障害支援体制加算	35 単位
要医療児者支援体制加算	35 単位		要医療児者支援体制加算	35 単位
精神障害者支援体制加算	35 単位		精神障害者支援体制加算	35 単位
小　計　（A）	2,063 単位		小　計　（B）	1,812 単位

例2　△△事業所：常勤1名体制、加算すべてなし

サービス利用支援費（Ⅰ）	1,458 単位		継続サービス利用支援費（Ⅰ）	1,207 単位
※加算すべてなし			※加算すべてなし	
小　計　（C）	1,458 単位		小　計　（D）	1,207 単位

	1人あたり件数 / 月		1人あたり報酬単位 / 月
	サービス利用支援（Ⅰ）	継続サービス利用支援（Ⅰ）	小　計
○○事業所	5件	30件	64,675 単位 （(A)×5 + (B)×30）
△△事業所	5件	30件	43,500 単位 （(C)×5 + (D)×30）

表4からは、次のことがわかります。

- 1か月あたり、△△事業所は○○事業所よりも21,175単位少ない。
- 1年間で比較すると、21,175単位×12か月＝254,100単位の差が生じる。

　このように、同じ件数の相談支援をしていても、体制加算の有無で大きな差が生じます。「特定事業所加算」や各種体制加算は、相談支援事業所が算定する報酬のほぼすべて（加算のみ算定する場合を除く）に影響があることから、相談支援事業所として段階的な人員の確保や計画的な体制加算の取得が重要となります。

（2）専門性を評価する加算

　次に、2018（平成30）年度に新設された専門性を評価する加算について振り返っておきましょう。これは、体制加算とは異なり、サービス提供の実績に応じて算定できる加算で、大きく3つに分けられます。

　1つ目は、利用者の入院時や退院・退所時など、サービスの利用環境が大きく変動する際に、関係機関との連携のもとで支援を行うことを評価するものであり、「入院時情報連携加算」「退院・退所加算」「居宅介護支援事業所等連携加算」「医療・保育・教育機関等連携加算」の4つが創設されました。これらは、相談支援事業所が関係機関との緊密な情

報連携を通じて、利用者を取り巻く環境の変化があっても安心して地域生活を継続できるように支援していくためのものだといえます。これらの加算を通じて、相談支援専門員は人的資源とのつながりを積み重ねることができ、ひいては支援の幅を広げていくことができます。

2つ目は、サービス等利用計画作成時のアセスメントにかかる業務量や、モニタリング時等におけるサービス提供場面の確認など、利用者の状況確認や支援内容の調整等を手厚く実施したことを評価するものであり、「初回加算（障害児相談支援は2015（平成27）年に創設）」「サービス担当者会議実施加算」「サービス提供時モニタリング加算」の3つが創設されました。これらは、アセスメントの重要性の明確化および、関係機関との対面による情報連携を目的としたものです。相談支援専門員と利用者および関係者との接点を増やすことにより、お互いの信頼関係の醸成につながります。

3つ目は、地域生活支援拠点等の機能を担う相談支援事業所を評価するものであり、「地域生活支援拠点等相談強化加算」「地域体制強化共同支援加算」の2つが創設されました。これらは、地域生活支援拠点に位置づけられている事業所が利用者の地域生活を支えるための緊急時の短期入所の調整を図ることや、地域課題を自立支援協議会へ報告することをもって、地域生活の維持と地域課題の解決に向けた取り組みを推進していくためのものです。相談支援専門員には、個別の支援を通じて把握された課題の解決に向けたアプローチが期待されていることから、積極的にこの加算を活用していくことが求められます。

❸ 2021（令和3）年度の改定について

2021（令和3）年度に示された相談系のサービスにおける報酬改定を理解するためには、それまでの改定の変遷を知ることが必要ですので、ここまで解説してきました。さまざまな加算の創設により、複雑になってきたという声もありますが、相談支援が目指す方向が変わったわけではありません。相談支援の加算の始まりである「特定事業所加算」は2021（令和3）年度の改定で廃止となりましたが、その考え方が大きく変わったわけではないことを理解しておきましょう。

2021（令和3）年度の改定のポイントは、次の6点です。

---

❶ 支援困難ケースへの積極的な対応や専門性の高い人材を確保し、質の高いマネジメントを実施している事業所を評価することを目的として設置されていた「特定事業所加算」に対応した形で、基本報酬に「機能強化型」として新たに4つの区分が創設されたこと。

❷ 地域生活支援拠点等を構成する複数の指定特定相談支援事業所と協働して、体制の確保や質の向上に向けた取り組みをし、人員配置要件や24時間の連絡体制確保要件を満たす場合も「機能強化型」を算定することが可能とされたこと。

❸ 常勤専従の主任相談支援専門員を1人以上配置していることを別途評価する主任相談支援専門員配置加算が創設されたこと。

❹ ピアサポートの専門性が評価されるようになったこと。

---

❺ 初回加算の算定要件が拡充されたこと。

❻ 従来評価されていなかった相談支援業務が新たに評価されるようになったこと。

　ここからは、それぞれのポイントを詳しく見ていきます。

(1)「機能強化型」について

　機能強化型サービス利用支援費とは、実質的には「サービス利用計画作成費」です。それを「機能強化型」としたことで、相談支援事業所のあり方が明確に示されました。同じ計画を作成しても、事業所の職員数や、計画を作成するにあたっての関係機関との連携や検討していく体制を整えておくことで、1件あたりの収入が変わってくるのです。いわゆる「一人事業所」での事業運営としての「サービス利用計画作成費」よりも、機能強化型サービス利用支援費（Ⅳ）の単価のほうが高く、その後（Ⅲ）→（Ⅱ）→（Ⅰ）とさらに単価が高くなっています。ここには、単価を上げていくことを目指してほしいというメッセージがあり、事業としての基盤を安定させることが推奨されていると考えることができます。

計画 相談支援	機能強化型サービス利用支援費（Ⅰ）	1,864 単位／月
	機能強化型サービス利用支援費（Ⅱ）	1,764 単位／月
	機能強化型サービス利用支援費（Ⅲ）	1,672 単位／月
	機能強化型サービス利用支援費（Ⅳ）	1,622 単位／月
	サービス利用支援費（Ⅰ）	1,522 単位／月
	サービス利用支援費（Ⅱ）	732 単位／月
障害児 相談支援	機能強化型障害児支援利用援助費（Ⅰ）	2,027 単位／月
	機能強化型障害児支援利用援助費（Ⅱ）	1,927 単位／月
	機能強化型障害児支援利用援助費（Ⅲ）	1,842 単位／月
	機能強化型障害児支援利用援助費（Ⅳ）	1,792 単位／月
	障害児支援利用援助費（Ⅰ）	1,692 単位／月
	障害児支援利用援助費（Ⅱ）	815 単位／月

機能強化型算定要件（内容一部省略）	Ⅰ	Ⅱ	Ⅲ	Ⅳ
常勤かつ専従の相談支援専門員を4名以上配置し、そのうち1名以上が現任研修を修了していること。	○	−	−	−
常勤かつ専従の相談支援専門員を3名以上配置し、そのうち1名以上が現任研修を修了していること。	−	○	−	−
常勤かつ専従の相談支援専門員を2名以上配置し、そのうち1名以上が現任研修を修了していること。	−	−	○	−
専従の相談支援専門員を2名以上配置し、そのうち1名以上が現任研修を修了した常勤の相談支援専門員であること。	−	−	−	○

	I	II	III	IV
利用者に関する情報またはサービス提供にあたっての留意事項にかかる伝達等を目的とした会議を定期的（概ね週1回以上）に開催すること。	○	○	○	○
24時間連絡体制を確保し、かつ、必要に応じて利用者等の相談に対応する体制を確保していること。	○	○	－	－
新規に採用したすべての相談支援専門員に対し、現任研修修了者の同行による研修を実施していること。	○	○	○	○
基幹相談支援センター等から支援が困難な事例を紹介された場合においても、当該支援が困難な事例にかかる者に相談支援を提供していること。	○	○	○	○
基幹相談支援センター等が実施する事例検討会等に参加していること。	○	○	○	○
取扱件数が40件未満であること。	○	○	○	○

(2) 協働体制による「機能強化型」について

　「一人事業所」は、母体となる運営基盤が大きければ、相談支援事業を重視することで、「機能強化型」の（Ⅳ）や（Ⅲ）を目指すことが可能です。一方で、単独で立ち上げたばかりの事業所など、まだ「一人事業所」が続く状況にある事業所においても、地域における協働体制の要件を満たせば、「機能強化型」の加算を得ることができます。これは、「一人事業所」が目指す方向を示しているといえます。

【協働体制の要件】

1) 協働体制を確保する事業所間で、協定を締結すること。
2) 機能強化型算定要件を満たしていることを事業所間で定期的（月1回）に確認すること。
3) 全職員が参加するケース共有会議や事例検討会等を月2回以上実施すること。
4) 運営規程に地域生活支援拠点等として位置づけられていることを規定すること。
5) 各事業所において常勤かつ専従の相談支援専門員を1名以上配置すること。

機能強化型算定要件（内容一部省略）	I	II	III	IV
それぞれの事業所において、常勤かつ専従の相談支援専門員を合計4名以上配置し、そのうち1名以上が現任研修を修了していること。	○	－	－	
それぞれの事業所において、常勤かつ専従の相談支援専門員を合計3名以上配置し、そのうち1名以上が現任研修を修了していること。	－	○	－	
それぞれの事業所において、常勤かつ専従の相談支援専門員を2名以上配置し、そのうち1名以上が現任研修を修了していること。	－	－	○	
それぞれの事業所において、常勤かつ専従の相談支援専門員を1名以上配置していること。	○	○	○	
利用者に関する情報またはサービス提供にあたっての留意事項にかかる伝達等を目的とした会議を定期的（概ね週1回以上）に開催すること。	○	○	○	
24時間連絡体制を確保し、かつ、必要に応じて利用者等の相談に対応する体制を確保していること。	○	○	－	

新規に採用したすべての相談支援専門員に対し、現任研修修了者の同行による研修を実施していること。	○	○	○	／
基幹相談支援センター等から支援が困難な事例を紹介された場合においても、当該支援が困難な事例にかかる者に相談支援を提供していること。	○	○	○	／
基幹相談支援センター等が実施する事例検討会等に参加していること。	○	○	○	／
取扱件数が40件未満であること。	○	○	○	／

（3）主任相談支援専門員配置加算について　※100単位

加算の算定要件	相談支援従事者主任研修を修了した常勤かつ専従の主任相談支援専門員を1名以上配置し、当該主任相談支援専門員が適切な指導を行うことができる体制が整備されていること。 　主任相談支援専門員に求められる地域における中核的な役割をふまえ、当該指定特定相談支援事業所の従業者または当該指定特定相談支援事業所以外の指定特定相談支援事業所、指定障害児相談支援事業所および指定一般相談支援事業所の従業者に対し、その資質の向上のための研修を実施した場合に算定できる。
備考	「研修を実施した場合」とは次に掲げるいずれの要件も満たす体制が整備されていなければならない。 　ア）利用者に関する情報またはサービス提供にあたっての留意事項にかかる伝達等を目的とした会議の開催 　イ）新規に採用したすべての相談支援専門員に対する主任相談支援専門員の同行による研修の実施 　ウ）当該相談支援事業所のすべての相談支援専門員に対して、地域づくり、人材育成、困難事例への対応などサービスの総合的かつ適切な利用支援等の援助技術の向上等を目的として主任相談支援専門員が行う指導、助言 　エ）基幹相談支援センター等が実施する事例検討会等への主任相談支援専門員の参加 　また、研修を修了した主任相談支援専門員を配置している旨を市町村へ届け出るとともに、体制が整備されている旨を事業所に掲示するとともに公表する必要がある。

(4) ピアサポート体制加算について　※100 単位

加算の算定要件	都道府県または指定都市が実施する障害者ピアサポート研修の基礎研修および専門研修を修了し、当該研修の事業を行った者から当該研修の課程を修了した旨の証明書の交付を受けた次の者をそれぞれ常勤換算方法で 0.5 以上配置する事業所であって、当該者によりその他の従業者に対して障害者に対する配慮等に関する研修が年 1 回以上行われている場合に算定できる。 　ア）障害者または障害者であったと市町村長が認める者（以下「障害者等」という。）であって、相談支援専門員またはその他指定計画相談支援に従事する者 　イ）管理者、相談支援専門員またはその他指定計画（障害児）相談支援に従事する者 　なお、上記の常勤換算方法の算定にあたっては、併設する事業所（指定地域移行支援事業所、指定地域定着支援事業所、指定自立生活援助事業所、指定計画相談支援事業所または指定障害児相談支援事業所に限る。）の職員を兼務する場合は当該兼務先を含む業務時間の合計が常勤換算方法で 0.5 以上になる場合を含むものとする。
備考	研修を修了した従業者を配置している旨を市町村へ届け出るとともに、当該旨を事業所に掲示するとともに公表する必要がある。 　なお、ピアサポーター等の本人の氏名の公表を求めるものではなく、加算の算定要件を満たすピアサポーター等を配置している事業所である旨を公表することを求める趣旨である。また、当該旨の公表にあたっては、あらかじめピアサポーターである障害者等の本人に対し、公表の趣旨（※）を障害特性に配慮しつつていねいに説明を行ったうえで、同意を得ることが必要である。 ※ピアサポートによる支援を希望する者に対し、事業所の選択の重要な情報として知ってもらうために公表するものであること。

(5) 初回加算の拡充について　※計画相談支援：300 単位　障害児相談支援：500 単位

加算の算定要件	【計画相談支援】 次のような場合 ①　新規にサービス等利用計画を作成する場合 ②　計画相談支援対象障害者等が障害福祉サービス等を利用する月の前 6 か月間において障害福祉サービスおよび地域相談支援を利用していない場合 ③　指定計画相談支援にかかる契約をした日からサービス等利用計画案を交付した日までの期間が 3 か月を超える場合であって、3 か月が経過する日以後に月 2 回以上、利用者の居宅等に訪問し面接を行った場合 【障害児相談支援】 次のような場合 ①　新規に障害児支援利用計画を作成する場合 ②　障害児相談支援対象保護者が障害児通所支援を利用する月の前 6 か月間において障害児通所支援および障害福祉サービスを利用していない場合 ③　指定障害児相談支援にかかる契約をした日から障害児支援利用計画案を交付した日までの期間が 3 か月を超える場合であって、3 か月が経過する日以後に月 2 回以上、利用者の居宅に訪問し面接を行った場合

算定回数	**【計画相談支援】** 　上記③の要件を満たす場合については、その月分の初回加算に相当する額を加えた単位（所定単位数に当該面接を行った月の数（3 を限度とする。）を乗じて得た単位数）を加算する。 　ただし、初回加算の算定月から、前 6 か月間において居宅介護支援事業所等連携加算を算定している場合は、初回加算を算定できない。 **【障害児相談支援】** 　上記③の要件を満たす場合については、その月分の初回加算に相当する額を加えた単位（所定単位数に当該面接を行った月の数（3 を限度とする。）を乗じて得た単位数）を加算する。 　ただし、初回加算の算定月から、前 6 か月間において保育・教育等移行支援加算を算定している場合は、初回加算を算定できない。
他の加算との 併給不可	退院・退所加算 医療・保育・教育機関等連携加算

（6）従来評価されていなかった相談支援業務の評価について

　計画相談支援における「居宅介護支援事業所等連携加算」が、「情報提供以外の場合に 300 単位」「情報提供の場合に 100 単位」に分けられました。

　また、計画決定月およびモニタリング対象月以外の業務について、月 2 回以上の居宅等への訪問による面接を行った場合、サービス担当者会議を開催した場合、関係機関が開催する会議へ参加した場合に、「集中支援加算」を算定できるようになりました。

　障害児相談支援においては「保育・教育等移行支援加算」が創設され、これまで障害福祉サービス等を利用していた利用者が就学・進学する場合、または通常の事業所に新たに雇用される場合であって、保育所、小学校、特別支援学校、雇用先の事業所または障害者就業・生活支援センター等（以下、関係機関）へ引き継ぐ場合において、一定期間を要するものに対し、当該利用者を担当している相談支援専門員が、情報提供を行い支援内容の検討に協力する場合、居宅への月 2 回以上の訪問による面接を行った場合、関係機関が開催する会議への参加を行った場合のいずれかにおいて、「情報提供以外の場合に 300 単位」「情報提供の場合に 100 単位」が算定できるようになりました。

　以上のように、2021（令和 3）年度の改定では、よりきめ細やかな相談支援の提供における報酬上の評価がなされました。

　基本報酬と各種加算の併給については、**表 5** に一覧をお示ししますが、記載しきれない部分も多いので、各自事業者ハンドブック [12] 等で詳細の確認をお願いします。

---

12)　『障害者総合支援法 事業者ハンドブック 報酬編』中央法規出版

表5　基本報酬と加算の併給について（2023（令和5）年6月現在）

		基本報酬				加算のみの算定	算定要件等	併給が不可となる加算
		サービス利用支援費	障害児支援利用援助費	継続サービス利用支援費	継続障害児支援利用援助費			
特別地域加算	基本報酬に15％加算	○	○	○	○	−		
	※中山間地域等に居住している者に対してサービスの提供が行われた場合（報酬告示別表の1の注9（者）／注5（児））							
利用者負担上限額管理加算	150単位	○	○	○	○	○		
	※事業所が利用者負担額合計額の管理を行った場合（報酬告示別表の2）							
初回加算	300単位		／		／	−	前6か月サービス利用がないとき	・退院・退所加算 ・医療・保育・教育機関等連携加算
	500単位	／	○	／	−	−		
	※新規にサービス等利用計画／障害児支援利用計画を作成する利用者／障害児相談支援対象保護者に対して、指定サービス利用支援／指定障害児支援利用援助を行った場合等（契約の締結からサービス等利用計画案／障害児支援利用計画案を交付するまでの期間が3か月を超える場合であって、4か月目以降に月2回以上、利用者の居宅等に訪問し面接した場合は、上記単位数にさらに300単位／500単位に当該月数（3を上限）を乗じて得た単位数を加算）（報酬告示別表の3）							
入院時情報連携加算	Ⅰ：200単位 Ⅱ：100単位	○	○	○	○	○	いずれか	・居宅介護支援事業所等連携加算の算定要件が①③④⑥の場合 ・保育・教育等移行支援加算の算定要件が①③の場合 ・集中支援加算の算定要件が③の場合に入院時情報連携加算（Ⅰ）を算定できない
	※入院時に医療機関が求める利用者の情報を医療機関に提供した場合（利用者1人につき、1月に1回を限度）（報酬告示別表の5） 　・医療機関を訪問しての情報提供　　200単位／月 　・医療機関への訪問以外の方法での情報提供　　100単位／月							
退院・退所加算	200単位	○	○	−	−	−		・初回加算 ・居宅介護支援事業所等連携加算の算定要件が③⑥の場合 ・保育・教育等移行支援加算の算定要件が③の場合 ・医療・保育・教育機関等連携加算（退院または退所する施設の職員のみから情報の提供を受けている場合） ・集中支援加算の算定要件が③の場合
	※退院・退所時に、医療機関等の多職種からの情報収集や、医療機関等における退院・退所時のカンファレンスへの参加を行ったうえで、サービス等利用計画／障害児支援利用計画を作成した場合（利用者1人につき、入院・入所中に3回を限度）（報酬告示別表の6）							
居宅介護支援事業所等連携加算	100単位	○	／	○	／	○	・情報提供 ・支援内容の検討協力	・入院時情報連携加算 　※居宅介護支援事業所等連携加算の算定要件が①③④⑥の場合 ・退院・退所加算 　※居宅介護支援事業所等連携加算の算定要件が③⑥の場合 ・集中支援加算の算定要件が③の場合で、会議の趣旨、つなぎ先等が同様の場合
	300単位	−	／	○	／	○	・月2回以上の居宅訪問 ・会議参加	

※介護保険の居宅介護支援の利用や就職等に伴い指定居宅介護支援事業所、企業または障害者就業・生活支援センター等との引き継ぎに一定期間を要する利用者に対し、一定の支援を行った場合（障害福祉サービス等の利用期間内において、次の①～⑥それぞれ2回を限度。利用終了後6か月以内においてはそれぞれ月1回を限度）（報酬告示別表の7）
・居宅介護支援等の利用に関し、
　①情報提供を文書により実施した場合　　100単位／月
　②月2回以上、利用者の居宅等に訪問し面接を行った場合　　300単位／月
　③他機関の主催する利用者の支援の検討等を行う会議に参加した場合　　300単位／月
・就職等に関し、
　④情報提供を文書により実施した場合　　100単位／月
　⑤月2回以上、利用者の居宅等に訪問し面接を行った場合　　300単位／月
　⑥他機関の主催する利用者の支援の検討等を行う会議に参加した場合　　300単位／月

| 保育・教育等移行支援加算 | 100単位 | / | ○ | / | ○ | ○ | ・情報提供
・支援内容の検討協力 | ・入院時情報連携加算
　※保育・教育等連携加算の算定要件が①③の場合
・退院・退所加算
　※保育・教育等連携加算の算定要件が③の場合
・集中支援加算の算定要件が③の場合で、会議の趣旨、つなぎ先等が同様の場合 |
| | 300単位 | / | − | / | − | ○ | ・月2回以上の居宅訪問
・会議参加 | |

※保育所等の利用や就学、就職等に伴い保育所、特別支援学校、企業または障害者就業・生活支援センター等との引き継ぎに一定期間を要する利用者に対し、一定の支援を行った場合（障害福祉サービス等の利用期間内においては、訪問、会議参加、情報提供それぞれ2回を限度。利用終了後6か月以内においてはそれぞれ月1回を限度）（報酬告示別表の7）
①情報提供を文書により実施した場合　　100単位／月
②月に2回以上、利用者の居宅に訪問し面接を行った場合　　300単位／月
③他機関の主催する利用者の支援の検討等を行う会議に参加した場合　　300単位／月

| 医療・保育・教育機関等連携加算 | 100単位 | ○ | ○ | − | − | − | | ・初回加算
・退院・退所加算を算定し、かつ、退院または退所する施設の職員のみから情報の提供を受けている場合 |

※サービス利用支援／障害児支援利用援助の実施時において、障害福祉サービス等以外の医療機関、保育機関、教育機関等の職員と面談を行い、必要な情報提供を受け協議等を行ったうえで、サービス等利用計画／障害児支援利用計画を作成した場合（利用者1人につき、1月に1回を限度）（報酬告示別表の8）

| 集中支援加算 | 300単位 | − | − | − | − | ○ | 利用者・家族の参加が必須事項 | ・入院時情報連携加算（Ⅰ）
　※集中支援加算の算定要件が③の場合
・退院・退所加算
　※集中支援加算の算定要件が③の場合
・居宅介護支援事業所等連携加算
　※集中支援加算の算定要件が③の場合で、会議の趣旨、つなぎ先等が同様の場合
・保育・教育等移行支援加算
　※集中支援加算の算定要件が③の場合で、会議の趣旨、つなぎ先等が同様の場合 |

※計画決定月およびモニタリング対象月以外の月に、障害福祉サービス等の利用に関して、次の①～③のいずれかに該当する場合（訪問、会議開催、会議参加それぞれ月1回を限度）（報酬告示別表の9）
①月2回以上の居宅等を訪問しての面接を行った場合
②サービス担当者会議を開催した場合
③他機関の主催する利用者の支援の検討等を行う会議へ参加した場合

		基本報酬				加算のみの算定	算定要件等	併給が不可となる加算
		サービス利用支援費	障害児支援利用援助費	継続サービス利用支援費	継続障害児支援利用援助費			
サービス担当者会議実施加算	100 単位	－	－	○	○	－	利用者・家族の参加は必須事項ではない	
	※継続サービス利用支援／継続障害児支援利用援助の実施時において、利用者の居宅等を訪問し、面接するとともに、福祉サービス等の担当者を招集して、利用者の心身の状況等やサービスの提供状況の確認、計画の変更その他必要な便宜の提供について検討を行った場合（利用者 1 人につき、1 月に 1 回を限度）（報酬告示別表の 10）							
サービス提供時モニタリング加算	100 単位	○	○	○	○		兼務の事業所は不可	
	※継続サービス利用支援／継続障害児支援利用援助の実施時またはそれ以外の機会において、障害福祉サービス事業所等／障害児通所支援事業所等を訪問し、サービスの提供状況について詳細に把握したうえで、確認結果の記録を作成した場合（利用者 1 人につき 1 月に 1 回を限度、かつ、相談支援専門員 1 人あたり 1 月に 39 人を限度）（報酬告示別表の 11）							
主任相談支援専門員配置加算	100 単位	○	○	○	○	－	p.45 参照	
	※相談支援従事者主任研修を終了した常勤かつ専従の主任相談支援専門員を事業所に配置したうえで、当該事業所または当該事業所以外の事業所の従業者に対し当該主任相談支援専門員がその資質の向上のために研修を実施した場合（報酬告示別表の 4）							
ピアサポート体制加算	100 単位	○	○	○	○	－	p.46 参照	
	※利用者と同じ目線に立った相談・助言等を行うために必要な人員の配置等が行われている場合（報酬告示別表の 15）							
行動障害支援体制加算	35 単位	○	○	○	○	－		
	※強度行動障害支援者養成研修（実践研修）等を修了し、専門的な知識および支援技術をもつ常勤の相談支援専門員を 1 名以上配置したうえで、その旨を公表している場合（報酬告示別表の 12）							
要医療児者支援体制加算	35 単位	○	○	○	○	－		
	※医療的ケア児等コーディネーター養成研修等を修了し、専門的な知識および支援技術をもつ常勤の相談支援専門員を 1 名以上配置したうえで、その旨を公表している場合（報酬告示別表の 13）							
精神障害者支援体制加算	35 単位	○	○	○	○	－		
	※地域生活支援事業による精神障害者支援の障害特性と支援技法を学ぶ研修等を修了し、専門的な知識および支援技術をもつ常勤の相談支援専門員を 1 名以上配置したうえで、その旨を公表している場合（報酬告示別表の 14）							
地域生活支援拠点等相談強化加算	700 単位	○	○	○	○	○		地域定着支援
	※地域生活支援拠点等である特定相談支援事業所／障害児相談支援事業所の相談支援専門員が、コーディネーターの役割を担うものとして相談を受け、連携する短期入所事業所への緊急時の受け入れの対応を行った場合（短期入所事業所への受け入れ実績（回数）に応じて、月 4 回を限度）（報酬告示別表の 16）							
地域体制強化共同支援加算	2,000 単位	○	○	○	○	○	・月 1 回限度 ・3 者以上の協議および協議会への文書報告必須	
	※地域生活支援拠点等である特定相談支援事業所／障害児相談支援事業所の相談支援専門員が、支援困難事例等についての課題検討を通じ、情報共有等を行い、他の福祉サービス等の事業者と共同で対応し、協議会に報告した場合（報酬告示別表の 17）							

（参考資料）
・障害者の日常生活及び社会生活を総合的に支援するための法律に基づく指定計画相談支援に要する費用の額の算定に関する基準（平成 24 年 3 月 14 日厚生労働省告示第 125 号）
・児童福祉法に基づく指定障害児相談支援に要する費用の額の算定に関する基準（平成 24 年 3 月 14 日厚生労働省告示第 126 号）
注 令和 3 年 3 月 23 日厚生労働省告示第 87 号改正現在

第2部

腑に落ちる

「サービス等利用計画」＆
「モニタリング報告書」の
具体的なつくり方

ケース（事例）の見方

❶ ケース（事例）を取り上げる意味

　第1部では、「情報の整理」を行い、「検討（評価）」を支援チームで実施することにより、本人の新たな意向について、ストレングスに着目したサービス等利用計画の作成へとつなげられることを解説しました。

　「計画は立てて終わりではなく、モニタリングを通してよりよくしていくことが大切」という考え方は、相談支援専門員に浸透してきています。しかし、「時間に限りがあるため、十分なモニタリングが実施できない」「利用者さんが変化を望まず、現状の維持を希望されるため、計画が変更できない」「サービス提供事業所の支援員と比較すると、対面する回数が限られるため、信頼関係を築けず、本音を語ってくれない」などと、自身のモニタリング方法や報告書の内容に不安をもっている人も多いようです。

　また、質の高い相談支援の評価として創設された「加算」についても、「学校等を訪問したり、会議に参加したりして状況を把握している」など、ていねいな支援を実施しているにもかかわらず、算定していないこともあると聞きます。

　そこで第2部では、基本的な計画の書き方と、第1部で解説した「モニタリングで収集すべき情報・収集した情報の活用方法」に加え、「加算の概要」などを、ケース（事例）を通して見ていきます。

❷ ケース（事例）のテーマ

　第2部では、次のように6つのケース（事例）を紹介しています。

Case1	本人の意思を尊重したプラン
	——放課後等デイサービスの利用は誰のため？
Case2	本人の生活全体をイメージしたプラン
	——「あきらめていた夢をかなえたい」
Case3	エンパワメントの視点を取り入れたプラン
	——「働き続けたい、今のままでもいいような気もするけど……」
Case4	ストレングスに着目したプラン
	——巣立ちに向けて（自分なりの自立を探して）
Case5	介護保険への移行を見据えたプラン
	——「年もとってきたし不安だな……」
Case6	医療との連携を見据えたプラン
	——「母だけに負担をかけたくない」

❸ 各ケース（事例）の構成

紹介する6つのケース（事例）は、次のような構成（流れ）でまとめられています。

Ⅰ　**事例概要／情報の整理、ニーズの絞り込み・焦点化**

☛事例に登場する利用者本人の氏名や性別、年齢、障害等の情報のほか、家族構成や生活歴等を紹介します。そのうえで、アセスメントで収集した情報をもとに、利用者本人のニーズを明らかにしています。

Ⅱ-①　**「見直し前」のサービス等利用計画**

☛収集した情報を適切に活用できておらず、不十分なサービス等利用計画を示し、見直すべきポイントを取り上げています。

Ⅱ-②　**見直しポイント「前」と「後」**

☛見直すべきポイントを「見直し前」と「見直し後」で比較できるよう示し、記入されている内容について、うまく表現されていないことや不十分な理由について解説するとともに、相談支援専門員がどのように対応すればよいかを明らかにしています。

Ⅱ-③　**「見直し後」のサービス等利用計画／「見立て」➡「根拠」➡「手立て」**

☛見直すべきポイントを反映させ、修正した部分を色文字で示しています。さらに、収集した情報をもとに、よりよいプランを書くための思考の過程を示しています。

Ⅲ　**取得が考えられる報酬例／モニタリングで集めた情報**

☛ケース（事例）の支援で評価されるべきことについて、得られる加算の概要を示しています。また、モニタリング報告書を記入するにあたって集めた情報を簡潔に示しています。

Ⅳ-①　**「見直し前」のモニタリング報告書**

☛単なる評価や確認のみで、新たな情報を得るためのしかけがなく、本人の気持ちをうまく聞き取れていないなどの不十分なモニタリング報告書について、見直すべきポイントを示しています。

Ⅳ-②　**見直しポイント「前」と「後」**

☛見直すべきポイントを「見直し前」と「見直し後」で比較できるよう示し、情報の整理と分析や、新たなニーズがどのような根拠から導き出されたのかを解説しています。

Ⅳ-③　**「見直し後」のモニタリング報告書**

☛情報の整理や評価・分析などの見直すべきポイントを反映させ、修正した部分を色文字で示しています。

Ⅴ　**モニタリングを経て「見直した」サービス等利用計画**

☛モニタリングを経て計画の変更が必要になったケース（事例）では、あらためて作成したサービス等利用計画の記入例を紹介しています。

放課後等デイサービスの利用は誰のため？

事例概要

氏名・性別・年齢

氏名 松阪 元気（男児）

年齢 9歳2か月

障害等

自閉スペクトラム症

家族構成

父、母との3人暮らし

生活歴

乳幼児健診で「要観察」となり、母は発語が遅いことや癇癪が強いことが気になっていた。しかし、「男の子は言葉が遅いから心配ない」や「我が強いのは、逞しい」と、当時同居をしていた父方の祖母の言葉を受け、専門機関等に相談はしなかった。

地元の小学校に入学したが、1年時の5月初旬に他児とのトラブルの多さや多動を担任に指摘され、専門機関を受診し、医師より診断名を告げられた。

1、2年生時は週1回程度の登校だったが、3年生に進級すると自ら登校の準備をし、学校を休むことはなくなった。

同時期に父が海外赴任することが決まり、また、母もフルタイムで就業することになった。

母は市役所の福祉課に「働く時間を確保するために福祉サービスを利用したい」と相談をしている状況にある。

相談支援専門員との関係性

初めての計画作成（令和4年4月初旬に、指定障害児相談支援の利用にかかる契約をした）。

▷ 情報の整理、ニーズの絞り込み・焦点化

● 本人に関する情報

・4歳のころから通う囲碁教室で囲碁を打ち、大人を負かすこともあった。

・1、2年生時は、週1回の「道徳」の授業がある日は自ら登校の準備をし、登校を制止する母を振り払うようにして学校に行っていた。道徳の授業には、囲碁教室の先生がボランティアに来ていた。

・3年生に進級後は、自ら登校の準備をし、学校では放課後等デイサービスを利用する同級生1名（レナちゃん）と仲良くなり、休み時間に2人で漢字を書いて笑い合う姿が確認されている。

・水曜日の放課後は同級生が集まる公園に行き、すべり台の上で過ごしている。誘われると鬼ごっこに参加する。

● 家族に関する情報

母について

・受診した病院の医師より診断名を告げられたことをきっかけに、祖母との折り合いが悪くなり、別居することになった。

・他児とのトラブルや多動を指摘した学校の対応や、医療機関に不信感をいだいている。

・家事の一切を祖母にまかせていた母は、家事と育児に追われるようになり、疲れが顕著にあらわれ、本児を怒鳴りつける声が自宅の外まで時折聞こえている。

・一度だけ、「離れていないと元気を叩いてしまう」と実家と学校に電話をしたことがある。

・父の海外赴任が決定した2日後、母は自宅から車で1時間離れたスーパーで、フルタイムパートに就くための面接を受け、夏休み明けから働く契約をした。

父について

・母の姿を遠巻きに見るのみで、本児との会話が少なくなっていった。

・自ら海外赴任の希望を会社に提出し、4か月後の赴任が決定した。

● ニーズの絞り込み・焦点化

・学校で楽しいことを聞くと、「レナちゃんと漢字ドリルすること」との返答があった。また、囲碁教室の先生の名前が漢字ノートに書いてあることが担任を通じて報告され、囲碁教室に行きたいのではないかと推測される。

・母のこれまでのがんばりを肯定し、不安やあせりの矛先が子どもの発達や教育に影響しないよう、4か月後にせまる父の海外赴任までに、生活全体の具体的な提案をする必要がある。

障害児支援利用計画

利用者氏名（児童氏名）	松阪　元気　君	障害支援区分
保護者氏名	松阪　一郎　様・松阪　まつ子　様	本人との続柄
障害福祉サービス受給者証番号		利用者負担上限額

計画作成日	令和4年8月20日	モニタリング期間 （開始年月）

利用者及びその家族の生活に対する意向（希望する生活）	夫が海外に行くため、私1人に負担がかかるのは不安です。（母） フルタイムで働く契約をしたので、放課後等デイサービスで預か
総合的な援助の方針	お母さんが安心して働くことができるよう、放課後等デイサービ
	長期目標	お友達を叩いたり、大きな声を出さないように気をつける。
	短期目標	毎日学校に行く。放課後等デイサービスに慣れて、お母さんが安

優先順位	解決すべき課題 （本人のニーズ）	支援目標	達成時期
1	フルタイムで働く契約をしたため、放課後に過ごす場所に預けたい。（母）	お母さんが安心して働けるよう、放課後の居場所を提供します。	1か月
2			

	相談支援事業者名	相談支援事業所 K
父・母	計画作成担当者	○○○　○○
	通所受給者証番号	

令和４年９月、10月、11月、令和５年２月、８月	利用者同意署名欄	松阪　まつ子（母）

ってほしいです。(母)　**見直しポイント❶** p.58参照

スで預かってもらう。　**見直しポイント❷** p.58参照

心して働ける。

福祉サービス等		課題解決のための本人の役割	評価時期	その他留意事項
種類・内容・量（頻度・時間）	提供事業者名（担当者名・電話）			
種類：放課後等デイサービス 内容：お母さんの仕事の時間、本人が安心して過ごせる場所を提供する。 量：当該月から８日を除いた日数	放課後等デイサービス C	お友達を叩いてはいけません。	１か月	お母さんの職場は隣市で、車で１時間かかるところです。

57

プランの修正

見直しポイント❶ 子どもの意向が反映されていない

見直し 前

利用者及びその家族の生活に対する意向（希望する生活）
夫が海外に行くため、私1人に負担がかかるのは不安です。（母） フルタイムで働く契約をしたので、放課後等デイサービスで預かってほしいです。（母）

解説

　母が語った言葉のままの記述となっており、情報収集で得た本人の潜在的ニーズが反映されていません。相談支援専門員は、子ども自身が自分の気持ちや意見を表明することへの支援と保障を忘れてはいけません。

　また、母がかかえている「不安」が何なのかを確認できていないため、真に必要な支援が見えていません。

見直しポイント❷ 家族の困りごとの解決に焦点が当てられている

見直し 前

総合的な援助の方針
お母さんが安心して働くことができるよう、放課後等デイサービスで預かってもらう。

解説

　母の「働くこと」を応援するための方針となっています。子どもの初期の計画立案時は、家族との関係構築を意識するあまり、家族に共感的な計画となりがちですが、本人中心の計画となるようアセスメントを深めましょう。

　また、発達障害の子どもたちはネガティブな記憶が残りやすい特性もあります。それをふまえ、表現に配慮することが大切です。

見直し 後

利用者及びその家族の生活に対する意向（希望する生活）

学校に行って、レナちゃんと漢字ドリルをして、先生と囲碁をする。鬼ごっこもする。（元気君）
夫が海外に行くため、これまで以上に家事や育児に追われてしまうことや、学校でほかの子とトラブルになって私が責められるのではないかと不安に思い、元気の世話をするのがつらいです。（母）
フルタイムで働く契約をしたので、やさしいスタッフがいる放課後等デイサービスで預かってほしいです。（母）

解説
　言葉による意思表明にあわせ、子どもの日常の言動から推測されることを可視化することで、養育者と支援者が共通認識をもつことができます。
　本ケースの場合は、子育てに孤独や非難の恐怖を感じる母への心的アプローチが支援の鍵となりますが、このように、子どもの支援には家族支援の視点も重要です。
　母の感じる「負担」や「不安」が何かを具体的に聴くことで、真に必要な支援が見えてきますが、漠然とした表現のときは、これまでのエピソード等を聴きながら、想いを集約、推測するとよいでしょう。

見直し 後

総合的な援助の方針

元気君のこれからの成長やご両親の仕事のことで不安なこと、心配なことを、少しでも軽減できるように応援します。

解説
　子どもの気持ちの変化を身体表現等からキャッチし、自我の芽生えをさまたげることなく、「快」と思う場所でいろいろな人と過ごせるようにすることで、社会性の構築をサポートします。
　また、児童の発達は多様で複雑です。そのため、さまざまな関係機関との協働とチームアプローチを心がけ、母の不安を一緒に整理することで、子どもにとって何が大切か考えることができ、「成長」を感じることが健全な育児の土台であることに気づくことができます。

障害児支援利用計画

利用者氏名（児童氏名）	松阪　元気　君	障害支援区分	
保護者氏名	松阪　一郎 様・松阪 まつ子 様	本人との続柄	
障害福祉サービス受給者証番号		利用者負担上限額	

計画作成日	令和 4 年 8 月 20 日	モニタリング期間 （開始年月）	

利用者及びその家族の生活に対する意向（希望する生活）	学校に行って、レナちゃんと漢字ドリルをして、先生と囲碁をす 夫が海外に行くため、これまで以上に家事や育児に追われてしま 元気の世話をするのがつらいです。（母） フルタイムで働く契約をしたので、やさしいスタッフがいる放課
総合的な支援の方法	元気くんのこれからの成長やご両親の仕事のことで不安なこと、
	長期目標	元気くんが活き活きとしている場面がさらに増えるように、具体
	短期目標	元気くんがよくがんばっている姿を、これから元気くんにかかわ

優先順位	解決すべき課題 （本人のニーズ）	支援目標	達成時期
1	学校に行ってレナちゃんと漢字ドリルがしたい。（元気君）	レナちゃんも元気君と漢字遊びをすることが好きなので、放課後も一緒の放課後等デイサービスに行けるようにします。	1 年
2	囲碁教室の先生と囲碁をしたり、鬼ごっこをしたい。（元気君）	元気君が、楽しい時間を過ごしながら、社交性やルール等を学んでいくことができることを目指します。	6 か月
3	フルタイムで働く契約をしたため、放課後に過ごす場所に預けたり、家事や育児の負担をサポートしてほしい。（母）	お母さんが安心して働けるよう、放課後の居場所を提供します。 ご家族（祖父母）にサポートいただけるよう、元気君が好むことなどをお伝えします。	2 か月

	相談支援事業者名	相談支援事業所 K
父・母	計画作成担当者	○○○　○○
	通所受給者証番号	

令和 4 年 9 月、10 月、11 月、令和 5 年 2 月、8 月	利用者同意署名欄	松阪　まつ子（母）

る。鬼ごっこもする。（元気君）

うことや、学校でほかの子とトラブルになって私が責められるのではないかと不安に思い、

後等デイサービスで預かってほしいです。（母）

心配なことを、少しでも軽減できるように応援します。

的な提案をします。

っていく人たちで共有していけるようにします。

福祉サービス等		課題解決のための本人の役割	評価時期	その他留意事項
種類・内容・量（頻度・時間）	提供事業者名（担当者名・電話）			
B 小学校お友達	B 小学校レナちゃん	月曜日、火曜日、金曜日は、学校が終わったらレナちゃんと一緒にCに行きます。水曜日は、元気君は公園で遊びます。木曜日は囲碁教室に行きます。	3 か月	（レナちゃんの気持ち　※担任より）・「元気くんと漢字ゲームする」・「デイサービスも一緒に行く」・「木曜日はスイミングに行く」
囲碁教室お友達	I 公民館主催の囲碁教室（学校に隣接する公民館）T 先生ボランティアの皆様B 小学校のお友達	（元気君）お母さんが 19 時に元気君をお迎えにきてくれます。T 先生やボランティアさんにさようならを言って、帰ります。	2 か月	（囲碁教室の送迎について）・行き➡囲碁教室の方が小学校に迎えにきてくれます。・帰り➡保護者の迎えが必須です。
種類：放課後等デイサービス内容：お母さんの仕事の時間、本人が安心して過ごせる場所を提供する。量：当該月から 8 日を除いた日数	放課後等デイサービス C電話○○ - ○○○○児発管：I 氏じいじ（母の父）ばあば（母の母）	放課後等デイサービスの利用による元気君の表情や身体の変化を、モニタリングで教えてください。帰宅が遅れそうなときは、協力を仰いでください。	1 か月	（母の勤務時間）勤務は平日の 9 時 30 分〜17 時 30 分です（朝、8 時 20 分に自宅を出発し、帰宅は 19 時ごろです）。

今回のプラン作成における思考過程

見立て

本児

◆ 囲碁教室の先生に会ったり、同級生と公園で遊びたいのではないか。

母

◆ 本児と距離をとることで子どもへの暴力を防ごうと考えているのではないか。

◆ 育児を相談できる人や場所を求めているのではないか。

根拠

本児

◆ 小学校1、2年生のころは、囲碁教室の先生が学校にボランティアに来る「道徳の時間」がある日は自ら登校の準備をして学校に行っていた。また、ノートに囲碁教室の先生の名前を書いていた。

◆ すべり台の上から同級生の遊ぶ姿を見たり、誘われると一緒に鬼ごっこをしている。

母

◆ 「離れていないと叩いてしまう」と考え、自宅から1時間離れた場所で働く契約をして、「距離をとる」を実行しようとしている。

◆ 「叩いてしまう」と危機的な状況を実家と学校に電話で訴えたことがある。

手立て

本人が無理せず心地よく過ごせる場所や人を探っていく。それを前提とし、「働くことで距離をとることができる」という、現時点の母の思いに伴走する。その具体的な準備作業として以下が必要。

◆ 学校を通じ、レナちゃんの家族やレナちゃんの担当相談支援専門員と状況を共有し、放課後等デイサービスの見学や体験利用をする。

◆ 囲碁教室の受け入れを確認し、送迎の方法や時間を検討する。

◆ 送迎や自宅で過ごす時間に協力が得られるよう、母方の祖父母と面談する。

◆ 上記を通じて、母が、父や学校、ほかの児童の保護者と交流をもち、関係を修復したり、新たな情報を得ることができるようにする。

取得が考えられる報酬例

●初回加算

　新規にサービス等利用計画（障害児支援利用計画）を作成する利用者（障害児相談支援対象保護者）に対して、サービス利用支援（障害児支援利用援助）を行った場合等に取得することができます。

　なお、計画相談の利用にかかる契約をした日からサービス等利用計画案（障害児支援利用計画案）を交付した日までの期間が3か月を超える場合であって、4か月目以降に月2回以上利用者の居宅等（障害児の場合は居宅）を訪問し、利用者およびその家族に面接した場合には、さらなる算定が可能となります。

●医療・保育・教育機関等連携加算

　サービス利用支援（障害児支援利用援助）の実施時において、障害福祉サービス等以外の医療機関、保育機関、教育機関等の職員と面談を行い、必要な情報提供を受け協議等を行ったうえで、サービス等利用計画（障害児支援利用計画）を作成した場合に取得することができます（利用者1人につき、1月に1回を限度）。

モニタリングで集めた情報

・元気君や両親と面談を重ねて計画を作成したことで、元気君は令和4年9月から放課後等デイサービスの利用を開始した。
・放課後等デイサービスでは笑顔で過ごしている。
・少しずつ、自らほかの子にあいさつをする姿が見られるようになっている。
・毎週水曜日は祖父母と一緒に買い物に行き、母のために夕飯をつくっている。
・元気君は、レナちゃんのお父さんから「我慢の拳」を教わり、友達を叩いてしまうことを我慢できるようになった。
・母は、レナちゃんのお父さんから自閉スペクトラム症について教わり、その後はレナちゃんの両親と交流を続けている。

モニタリング報告書（継続障害児支援利用援助）

利用者氏名（児童氏名）	松阪　元気　君	障害支援区分
保護者氏名	松阪　一郎　様・松阪　まつ子　様	本人との続柄
障害福祉サービス受給者証番号		利用者負担上限額

計画作成日	令和4年8月20日	モニタリング実施日

総合的な援助の方針

元気くんのこれからの成長やご両親の仕事のことで不安なこと、心配なことを、少しでも軽減できるように応援します。

優先順位	支援目標	達成時期	サービス提供状況（事業者からの聞き取り）	本人の感想・満足度
1	レナちゃんも元気君と漢字遊びをすることが好きなので、放課後も一緒の放課後等デイサービスに行けるようにします。	1年	サービスはなし	（母）元気は学校に行くことが楽しいようです。レナちゃんのお父さんから「我慢の拳」を教えてもらってから、叩いてしまうことが少なくなって安心しました。

👆 **見直しポイント ❶** p.66 参照

2	元気君が、楽しい時間を過ごしながら、社交性やルール等を学んでいくことができることを目指します。	6か月	サービスはなし	（母）19時に迎えに行くことはできています。囲碁に負けても、「強くてかっこいい」と思っているのか、いつも「T先生とEさんは○」と言います。
3	お母さんが安心して働けるよう、放課後の居場所を提供します。 ご家族（祖父母）にサポートいただけるよう、元気君が好むことなどお伝えします。	2か月	（放課後等デイサービス支援員　U氏）少しずつ、自らほかの子にあいさつをする姿が見られるようになった。「静かにする時間です」のカードは、動きの場面を変えるときに有効。	（元気君）じいじとばあば好き。ごはんうれしい。 （母）祖父母と一緒に料理をつくってくれます。仕事も行けています。

	相談支援事業者名	相談支援事業所 K
父・母	計画作成担当者	○○○ ○○
	通所受給者証番号	

令和 5 年 2 月 21 日	利用者同意署名欄	松阪 まつ子（母）

全体の状況
学校に休まず登校し、放課後等デイサービスも順調に利用している。

支援目標の達成度 （ニーズの充足度）	今後の 課題・解決方法	計画変更の必要性			その他 留意事項
		サービス 種類の変更	サービス 量の変更	週間計画の 変更	
学校には通学できている。	継続していく。	有・㊱	有・㊱	有・㊱	
好きな囲碁ができてよかった。 大人を負かすこともあるようで、自信につながっている。あいさつや静かにする場面を本人に知らせるツールも共有できた。	継続していく。	有・㊱	有・㊱	有・㊱	
母は安心して仕事に行くことができている。	継続していく。	有・㊱	有・㊱	有・㊱	

見直しポイント❷ p.68 参照

見直しポイント ❶

サービス提供状況（事業者からの聞き取り）／
本人の感想・満足度

見直し **前**

サービス提供状況（事業者からの聞き取り）	本人の感想・満足度
サービスはなし	（母） 元気は学校に行くことが楽しいようです。レナちゃんのお父さんから「我慢の拳」を教えてもらってから、叩いてしまうことが少なくなって安心しました。

ポイント解説

サービス等利用計画を、単にサービスを利用するためのものとしてとらえているため、支援チームからの聞き取りがなく、状況が把握できていない。

解説

　子どもが1日の大半を過ごす学校に出向き、ほかのサービス利用や家族等の状況を共有することも大切です。サービス等利用計画は生活全般を示すものですので、フォーマルなサービスだけでなく、インフォーマルなサービスについても可能な限りモニタリングを実施し、状況把握に努めましょう。
　子どもの支援においては、親の意向や希望が優先されがちですが、本人にもモニタリングをすることで、置かれている環境の変化やニーズを把握しやすくなります。

見直し （後）

サービス提供状況（事業者からの聞き取り）	本人の感想・満足度
（B小学校　3年1組　D先生） レナさんと時々けんかをしても、「我慢の拳」をつくり、こらえることができるようになった。 4年生になり勉強がむずかしくなるため、特別支援学校をすすめた。	（元気君） 学校楽しい。レナちゃんと漢字する。 （母） 元気は学校に行くことが楽しいようですが、先生から特別支援学級をすすめられたことがショックです。「我慢の拳」を教えてもらってから、叩いてしまうことが少なくなって安心しました。レナちゃんのお父さんは、「我慢の拳」を病院の先生から教わったそうですが、元気も病院に通ったほうがいいのか悩んでいます。

 ポイント解説

D先生から客観的かつストレングスの視点でとらえた情報を得られたことや、子どもと母の言葉から、精神的な充足が得られていることがうかがえる。新たに前向きな支援目標の手がかりが見つかりそう。

解説

　　モニタリングもアセスメントと同様に、本人や家族が表出した言葉に隠れたニーズを引き出すことが重要です。引き出された新たなニーズを、アセスメントでとらえたニーズとあらためて突合させ、解決すべきことやステップアップにつながるような支援を考えます。

　　本ケースでは、アセスメント時は医療機関への不信感がありましたが、他者の育児体験を聞いたことで、わが子に有効な言葉かけ等を知りたいと考え、医療につながることを意識されはじめました。

　　相談支援専門員は、人の気持ちを変えることはできませんが、気づきをうながすことはできます。そのために、他職種、他機関との連携や協働を常に意識することが大切です。

見直しポイント❷

本人の感想・満足度／支援目標の達成度（ニーズの充足度）／今後の課題・解決方法

見直し 前

本人の感想・満足度	支援目標の達成度（ニーズの充足度）	今後の課題・解決方法
（元気君） じいじとばあば好き。ごはんうれしい。 （母） 祖父母と一緒に料理をつくってくれます。仕事も行けています。	母は安心して仕事に行くことができている。	継続していく。

ポイント解説

本人の新たな意向を掘り下げたモニタリングとなっていない。また、母がどのように感じているかを聞き取ることができていない。

解説　　モニタリングをネガティブ思考でとらえてしまうと、解決すべきことのみに着眼してしまい、新たなニーズを聞き漏らしてしまいます。

子どもの発する「好き」や「うれしい」について、どんなところが好きなのか、何がうれしかったのかを整理していくことで、生活に変化をもたらすことができます。感情をありのままに語ってもらえるように、ていねいに聞き取りをしていきたいところです。

見直し　**後**

本人の感想・満足度	支援目標の達成度 （ニーズの充足感）	今後の課題・解決方法
（元気君） じいじとばあば好き。お買い物行く。ごはんつくってうれしい。 （母） 元気が夕食をつくってくれるようになり、とてもうれしく思います。放課後等デイサービスの支援員も、元気をほめてくれます。 道路が渋滞し帰宅が遅れたときにサポートしてもらっていた父が倒れ、これまでのようにサポートをお願いするのはむずかしくなるかもしれません。	祖父母と一緒に買い物や調理をすることで、喜びを表現できるようになった。 祖父母の協力もあり、母は安心して仕事に行くことができている。さらに、母が話せる人が増え、表情がさわやかである。	4年生として社会経験を増やすことにつなげることができないかと考え、母の手伝いをすることを支援に組み込み、移動支援でヘルパーとともにスーパーに行き、買い物をすることを連携会議で検討した。 また、祖父のサポートは月1回程度だったが、代わりの支援を検討する必要がある。

ポイント解説

子どもが感じるうれしいことの背景をきちんと聴くことができ、その経験を成長につなげる支援へと視野が広がっている。また、母の新たな不安に対し、共感的な姿勢で情報を整理できている。

解説

　　子どもと家族には個々に課題やニーズがあるため、相談支援専門員はそれらに対する個別的な理解とともに、一体的で包括的な支援の提供を検討する必要があります。

　　子どもの年齢に合わせ、喜びや経験値を伸ばせるような支援を検討するなかで、モニタリングで知り得た、母が新たに感じた課題に対しても、具体的な支援方法を提案し、新たな支援チームを構築することで信頼関係を深めていくことができます。

モニタリング報告書（継続障害児支援利用援助）

利用者氏名（児童氏名）	松阪　元気　君	障害支援区分	
保護者氏名	松阪　一郎 様・松阪　まつ子 様	本人との続柄	
障害福祉サービス受給者証番号		利用者負担上限額	

計画作成日	令和4年8月20日	モニタリング実施日	

総合的な援助の方針
元気くんのこれからの成長やご両親の仕事のことで不安なこと、心配なことを、少しでも軽減できるように応援します。

優先順位	支援目標	達成時期	サービス提供状況（事業者からの聞き取り）	本人の感想・満足度
1	レナちゃんも元気君と漢字遊びをすることが好きなので、放課後も一緒の放課後等デイサービスに行けるようにします。	1年	（B小学校　3年1組　D先生）レナさんと時々けんかをしても、「我慢の拳」をつくり、こらえることができるようになった。 4年生になり勉強がむずかしくなるため、特別支援学校をすすめた。	（元気君）学校楽しい。レナちゃんと漢字する。 （母）元気は学校に行くことが楽しいようですが、先生から特別支援学級をすすめられたことがショックです。「我慢の拳」を教えてもらってから、叩いてしまうことが少なくなって安心しました。レナちゃんのお父さんは、「我慢の拳」を病院の先生から教わったそうですが、元気も病院に通ったほうがいいのか悩んでいます。
2	元気君が、学校の道徳の授業で再会できた囲碁教室の先生やボランティアの皆様と、楽しい時間を過ごしながら、社交性やルール等を学んでいくことができることを目指します。	6か月	（囲碁教室　T先生）「静かにする時間です」と紙に書いて見せると、自席に戻り、自分で「シー」と言って静かになる。学校とも共有できた。	（元気君）T先生と（ボランティアの）Eさんは（囲碁に）勝つ（元気君が負ける）・（ボランティアの）Wさんは負ける（元気君が勝つ）。T先生とEさんが負けてほしい。鬼は逃げて楽しい。 （母）19時に迎えに行くことはできています。囲碁に負けても、「強くてかっこいい」と思っているのか、いつも「T先生とEさんは○」と言います。
3	お母さんが安心して働けるよう、放課後の居場所を提供します。 ご家族（祖父母）にサポートいただけるよう、元気君が好むことなどをお伝えします。	2か月	（放課後等デイサービス　支援員　U氏）少しずつ、自らほかの子にあいさつをする姿が見られるようになった。「静かにする時間です」のカードは、動きの場面を変えるときに有効。 母は祖父母のサポートを喜び、伝えてきてくれる。	（元気君）じいじとばあば好き。お買い物行く。ごはんつくってうれしい。 （母）元気が夕食をつくってくれるようになり、とてもうれしく思います。放課後等デイサービスの支援員も、元気をほめてくれます。道路が渋滞し帰宅が遅れたときにサポートしてもらっていた父が倒れ、これまでのようにサポートをお願いするのはむずかしくなるかもしれません。

	相談支援事業者名	相談支援事業所 K
父・母	計画作成担当者	○○○　○○
	通所受給者証番号	

令和5年2月21日	利用者同意署名欄	松阪　まつ子（母）

全体の状況
囲碁教室や放課後に同級生と遊ぶこと等は実現でき、そのなかでルールを学び、社会性も広がってきた。母は医療受診や特別支援学校への編入について悩んでいるが、とくに学校選びについては、本人の意向を尊重したい。

支援目標の達成度（ニーズの充足度）	今後の課題・解決方法	計画変更の必要性			その他留意事項
		サービス種類の変更	サービス量の変更	週間計画の変更	
周囲の人の動きを意識しながら活動することができるようになった。 母は不安な気持ちを率直に伝えてくれる。	学校選びについては、本人の意向を尊重できるよう支援する。	有・㊬	有・㊬	有・㊬	
大人を負かすこともあるようで、自信につながっている。あいさつや静かにする場面を本人に知らせるツールも共有できた。 学校の友達とも遊び、社会性が広がっている。	本人のあこがれ（囲碁の強い人）からの助言は、素直に受け入れることができる。	有・㊬	有・㊬	有・㊬	
祖父母と一緒に買い物や調理をすることで、喜びを表現できるようになった。 祖父母の協力もあり、母は安心して仕事に行くことができている。さらに、母が話せる人が増え、表情がさわやかである。	4年生として社会経験を増やすことにつなげることができないかと考え、母の手伝いをすることを支援に組み込み、移動支援でヘルパーとともにスーパーに行き、買い物をすることを連携会議で検討した。 また、祖父のサポートは月1回程度だったが、代わりの支援を検討する必要がある。	㊒・無	㊒・無	㊒・無	

障害児支援利用計画

利用者氏名（児童氏名）	松阪　元気　君	障害支援区分	
保護者氏名	松阪　一郎 様・松阪　まつ子 様	本人との続柄	
障害福祉サービス受給者証番号		利用者負担上限額	

計画作成日	令和5年3月1日	モニタリング期間 （開始年月）	

利用者及びその家族の生活に対する意向（希望する生活）	①T先生とEさんが負けてほしい。②じいじとばあばとごはんつくっ 妻に任せきりになり、1人にしてしまったことを申し訳なく思う。海外 赴任が終わるまで、妻のサポートをお願いしたい。（父） 私の父母のサポートが受けられなくなる可能性があるが、私は仕事によ
総合的な援助の方針	元気君が「守れること」「できること」「苦手なこと」を関係機関が集約 お母さんが社会参加を断念しなくてよいよう、行政や支援者と共有し、
	長期目標	ゲームや囲碁の時間、ヘルパーさんと買い物に行ったとき等に、共通の
	短期目標	子どもの心の発達を専門とする医師から、元気君へのルール設定等、

優先順位	解決すべき課題 （本人のニーズ）	支援目標	達成時期
1	囲碁でT先生やEさんに勝てるように強くなりたい。（元気君）	自分より弱い人を見下すのではなく、自分の能力が向上したことを今後の自信につなげ、将来は、自分の意思で物事を選択できるようになる。	3年
2	ごはん（お好み焼き）をつくって、お母さんに喜んでもらいたい。（元気君）	ヘルパーさんと一緒にメニューを考えたり、買い物に行って支払いをし、社会経験を増やしていくことができる。 また、お母さんを喜ばせてあげたいという気持ちを大切にし、家族への気持ちや他者を思う気持ちをさらに伸ばしていくことができる。	1年
3	子どもにとって何がよいか一緒に考えてほしい。（父母） 妻が仕事を続けられるようにサポートしてほしい。（父）	気の合う子と放課後に一緒に過ごす場所があることで、母が就労を続けることができる。	2年

	相談支援事業者名	相談支援事業所 K
父・母	計画作成担当者	○○○　○○
	通所受給者証番号	

令和5年4月、5月、6月、7月、9月、令和6年2月	利用者同意署名欄	松阪　まつ子（母）

てうれしい。（元気君）
赴任はあと1年続くが、毎日、テレビ電話で妻や元気と話をしながら、今後のことを一緒に考えていきたい。

うやく慣れたため、できればこのまま仕事を続けたい。（母）

し、元気君やご両親が、今後の生活に迷いが少なくなるよう応援します。
地域に必要なことは協議会で協議していきます。

ルールサインをもつことで、生活の混乱を避けることができる。

成長に関する相談ができ、それらを家族や関係機関が共有する。

福祉サービス等		課題解決のための本人の役割	評価時期	その他留意事項
種類・内容・量（頻度・時間）	提供事業者名（担当者名・電話）			
囲碁教室	I 公民館主催囲碁教室（学校に隣接する公民館） T 先生 ボランティアの皆様	T 先生や E さんがほかのお友達と囲碁を打つときは、漢字ドリルをして順番を待ちます。	1か月	
移動支援　5時間／月 内容：週1回、スーパーに食材を買いに行く。 居宅介護　5時間／月（1回最大：家事援助0.5時間・身体介護0.5時間） ※週1回1時間×5週＝5時間 内容：購入した食材で、お母さんが帰宅するまでに一緒に調理する。 自立支援協議会 ご家族	ヘルパーステーション L 電話○○-○○○○ 管理者：G 氏 M 市自立支援協議会 M 市基幹相談支援センター じいじ（母の父） ばあば（母の母）	ヘルパーさんと一緒にスーパーに行くときの約束 ①道路は走りません。 ②お店のなかではレベル1の声でしか話しません。 ③売っているものを触るときは、やさしさはレベル10です。 ※声のレベルは、1が最弱、5が最強と表現し、5段階。 ※触れるときの力加減は、1が最強、10が最弱と表現し、10段階。	1か月	【モニタリング設定について】 ・サービスの種類が変更（追加）となったため、計画変更から3月間を設定する。 ・7月は夏休みの過ごし方を確認するため、9月は登校状況を確認するために設定する。 【児童への居宅介護支援について】 ・父の帰国までは、支給決定されます。 ・今後についてはM市の自立支援協議会で協議します。
種類：放課後等デイサービス 内容：お母さんの仕事の時間、本人が安心して過ごせる場所を提供する。 量：当該月から8日を除いた日数	放課後等デイサービス C 電話○○-○○○○ 児発菅：I 氏	お友達とお話しするときは、レベル2です。 さようならと言うときは、レベル3です。	1か月	★月曜、火曜、金曜の利用です。

「あきらめていた夢をかなえたい」

氏名・性別・年齢

氏名　木村 裕二（男性）

年齢　20 歳

障害等

視覚障害（全盲）、肢体不自由

家族構成

父、母、妹との 4 人暮らし（父は海外転勤で 3 年間家を留守にしている）

生活歴

　体重 708g で出生。保育器にて 3 か月過ごし退院。入院中に未熟児網膜症による視覚障害と脳性小児まひによる肢体不自由の診断を受ける。退院後は保育士だった母が仕事をやめ、自宅での保育を行ってきた。父も育児には協力的で、仕事を終えた 20 時から入浴介助をしたり、休みの週末には一緒にドライブへ出かけたりなど、献身的に介護を行ってきた。

　小学校は隣町にある視覚特別支援学校へ入学。朝夕と母が車で送迎をしながら、とくに問題なく高等部まで進学する。しかし、高等部 2 年の 4 月に父が海外転勤となり状況が一変。母は 1 人で介護を行うことになり、卒業間近の 2 月に介護疲れが重なり腰痛を発症。母の介護負担を減らすことを目的に、高等部卒業後の進路として、担任の先生のすすめで生活介護を利用することとなった。

相談支援専門員との関係性

・初めて計画を作成したのが裕二さん 18 歳の 3 月。

・19 歳の誕生日（11 月 13 日）に 2 回目の計画を作成。

・今回 3 回目の計画を 20 歳の誕生日月に作成し、6 か月後の 4 月にモニタリング月として支援の現状の確認が行われた。

▶ 情報の整理、ニーズの絞り込み・焦点化

●本人ができること

・会話は可能で自分の気持ちや考えを伝えることはできる。

・簡単な計算は暗算でできる。手に麻痺があるため、財布からお金を取り出すことがむずかしく、買い物等での支払いは支援者が本人に確認しながら行っている。

・移動手段は車いすだが、手引き歩行も短い距離であれば可能。家のなかは這って移動している。

・ラジオや音楽が好きで、夜は自分の部屋でラジオやＣＤの音楽を聴いたり、学校で習った音声読み上げソフトの入ったパソコンを使い、YouTube やネット情報で余暇を楽しんでいる。

●本人の気持ちと福祉サービスへの思い

・ずっと一緒にいてくれた母への感謝の気持ちがある。腰痛のある母を心配して、「働いてみたい」「お出かけしたい」という自分の本当の気持ちは伝えられていない。

・福祉サービスに関する情報はほぼもっておらず、現状の生活介護で入浴ができることを喜んでいる。また、前回の計画書更新から移動支援のサービスを追加して外出支援を予定しているが、まだ一度も利用していない。その理由は、自分のせいで母が仕事をやめたことに責任を感じており、自分が外出したり、無駄遣いをしたりしてはいけないと思っているため。

●家族に関する情報

母について

・51 歳。介護負担が影響し、最近は身体の大きくなった本人への支援で腰痛を発症しており、病院へ通っている。まじめな性格で人に迷惑をかけてはいけないと、今でもがんばって介護をしている。

父について

・55 歳。赴任先は海外。なかなか帰ってこられない状況があり、週に 1 回オンラインで本人と会話をしている。あと 1 年は海外生活が続く予定。

妹について

・17 歳。子どものころは本人と一緒に過ごすことが多く、手引きや車いす誘導などをしていたが、今は大学受験に向けて塾に通う日々で、自宅にいる時間は部屋で勉強をしている。

・高校卒業後は大学に進学し、将来は医療関係の専門職に就きたいと勉学に励んでいるが、夢をあきらめて兄の世話をすることも致し方ないと考えている。

●その他の情報

・本人が母への優しい気持ちから自分の本当の気持ちを抑えている状況をふまえて、現在の支援体制の見直しが必要である。

サービス等利用計画

利用者氏名（児童氏名）	木村　裕二　様	障害支援区分	
障害福祉サービス受給者証番号		利用者負担上限額	
地域相談支援受給者証番号		通所受給者証番号	

計画作成日	令和4年11月13日	モニタリング期間 （開始年月）	

利用者及びその家族の生活に対する意向（希望する生活）	生活介護を利用してお風呂に入りたい。また、買い物にも行って
総合的な援助の方針	お母様の体調を考慮して、介護負担の軽減ができるように支援し
長期目標	毎日事業所で安心・安全にお風呂に入れるように体調面に気をつ
短期目標	お母様が休むことができるよう、安心・安全に過ごしましょう。

優先順位	解決すべき課題 （本人のニーズ）	支援目標	達成時期
1	毎日、お風呂に入る。	裕二さんが安心して入浴できるように、声かけをしながらていねいに対応するようにします。	令和5年10月
2	CDを買いに行く。	裕二さんが安全に買い物に行けるように、段差などにていねいに対応するようにします。	令和5年10月

区分6	相談支援事業者名	相談支援事業所　G
	計画作成担当者	○○　○○

6か月ごと（令和5年4月、10月）	利用者同意署名欄	木村　裕二

みたい。

ます。

けましょう。

👊 **見直しポイント ①** ▶ p.78 参照

福祉サービス等		課題解決のための本人の役割	評価時期	その他留意事項
種類・内容・量（頻度・時間）	提供事業者名（担当者名・電話）			
生活介護　5～6回/週 →身の回りの整容、余暇活動	生活介護事業所H （サビ管：○○さん） ○○-○○○○		6か月	
移動支援　1～2回/月 →CDの購入、外出支援	ヘルパーステーションN （サ責：○○さん） ○○-○○○○	CDが欲しくなったら、自分でメールをして予約をとりましょう。	6か月	

👊 **見直しポイント ②** ▶ p.78 参照

プランの修正

👆 見直しポイント ❶ 視点が母親の介護負担軽減のみに向いている

見直し （前）

総合的な援助の方針
お母様の体調を考慮して、介護負担の軽減ができるように支援します。

長期目標
毎日事業所で安心・安全にお風呂に入れるように体調面に気をつけましょう。

短期目標
お母様が休むことができるよう、安心・安全に過ごしましょう。

> **解説** すべての目標が母親の介護負担軽減に集中しています。介護負担の軽減は大切ですが、ここでは本人中心の視点で生活全体に焦点を当て、リフレーミングすることが重要です。

👆 見直しポイント ❷ サービスの選定を間違えている

見直し （前）

福祉サービス等	評価時期
種類・内容・量（頻度・時間）	
移動支援　１〜２回／月 → CDの購入、外出支援	６か月

> **解説** 外出支援なので、移動支援を選定することは想定されます。しかし、視覚障害の方がより円滑に外出するためには、視覚情報の提供が欠かせません。より専門的に学びを深めている同行援護の利用がここでは望ましいと考えられます。
> また、評価時期はモニタリング期間に合わせることが一般的です。移動支援は地域生活支援事業に該当するため、標準モニタリング期間は６か月ごととされています。そのため、評価時期も６か月としていますが、本人と家族の現状をふまえた柔軟なモニタリング期間と評価時期の設定が必要です。

見直し **後**

総合的な援助の方針
20 歳になった裕二さん。これからの暮らしについて、自分の思いをゆっくり聞かせてください。「こんな暮らしがしてみたい」を一緒に考えていきます。
長期目標
生活介護の利用も 2 年が経過して、入浴や余暇活動にも慣れてきました。今後は裕二さんの新しい挑戦も視野に入れてみんなで暮らしを考えていきましょう。
短期目標
同行援護のサービスを利用して情報支援を通じた楽しい外出ができるように計画し、好きな CD を買いに行きましょう。

解説　　本人の表出した言葉をもとに、本当に求めている暮らしについて、相談支援専門員の目線でリフレーミングを行い、ワクワクできる目標を掲げましょう。短期目標は、具体的な内容が記載されると、本人にとってイメージがわき、計画への期待が高まります。

見直し **後**

福祉サービス等	評価時期
種類・内容・量（頻度・時間）	
同行援護　1 ～ 2 回 / 月 →視覚情報のていねいな提供による CD の買い物支援	3 か月

解説　　視覚障害の方の支援に特化した同行援護のサービスを利用することで、本人にとって安心できる外出が実現できます。
　　同行援護の標準モニタリング期間は、3 か月に 1 回です。なお、相談支援専門員の見立てをふまえ、標準期間にとらわれず柔軟に変更を検討していくことが望まれます。

サービス等利用計画

利用者氏名（児童氏名）	木村　裕二　様		障害支援区分	
障害福祉サービス受給者証番号			利用者負担上限額	
地域相談支援受給者証番号			通所受給者証番号	

計画作成日	令和 4 年 11 月 13 日	モニタリング期間 （開始年月）

利用者及びその家族の生活に対する意向（希望する生活）	私は 11 月で 20 歳になりました。お父さんお母さん今まで本当 今は生活介護Hに通っています。毎日お風呂に入れてさっぱりし
総合的な援助の方針	20 歳になった裕二さん。これからの暮らしについて、自分の思
長期目標	生活介護の利用も 2 年が経過して、入浴や余暇活動にも慣れてき
短期目標	同行援護のサービスを利用して情報支援を通じた楽しい外出がで

優先順位	解決すべき課題 （本人のニーズ）	支援目標	達成時期
1	お母さんの介護負担を減らしたいなぁ。	裕二さんが望む " お母様への負担を減らしたい "を考え、自宅でお風呂に入らなくてすむように、毎日入浴を提供できるように支援します。	令和 4 年11 月
2	自分の好きな CD を買いに行きたい。	外出時に視覚情報を伝えながらコミュニケーションを図って、楽しい外出を心がけた支援を行います。	令和 5 年3 月
3	一緒に夢を語りたいなぁ。	裕二さんが考えている、かなえたい夢や希望について、話ができるタイミングで相談にのります。伝えやすい環境を常に意識します。	令和 5 年4 月

| 区分6 | 相談支援事業者名 | 相談支援事業所　G |
| | 計画作成担当者 | ○○　○○ |

| 3か月ごと（令和5年1月、4月、7月、10月） | 利用者同意署名欄 | 木村　裕二 |

にありがとう。ただ、お母さんの腰痛が心配です……。早くよくなってほしいなぁ。
て気持ちいいです。いつかヘルパーさんと買い物にも行けたらうれしいです。

いをゆっくり聞かせてください。「こんな暮らしがしてみたい」を一緒に考えていきます。

ました。今後は裕二さんの新しい挑戦も視野に入れてみんなで暮らしを考えていきましょう。

きるように計画し、好きなCDを買いに行きましょう。

| 福祉サービス等 | | 課題解決のための本人の役割 | 評価時期 | その他留意事項 |
種類・内容・量（頻度・時間）	提供事業者名（担当者名・電話）			
生活介護　5～6回/週 →身の回りの整容、余暇活動	生活介護事業所H （サビ管：○○さん） ○○-○○○○	自分が思ったことや感じたことを、仲間やスタッフの人に伝えてみましょう。	3か月	20歳の誕生日を機に、新しい活動に挑戦できるようチームで応援します。
同行援護　1～2回/月 →視覚情報のていねいな提供によるCDの買い物支援	ヘルパーステーションT （サ責：○○さん） ○○-○○○○	欲しいCDが見つかったら、話しやすい人に相談して、買い物に行く作戦を考えましょう。	3か月	初めてのサービス利用です。本人が同行援護のイメージがつくように、言葉かけをていねいに行います。
相談支援事業所　随時 →新しい挑戦の検討など	相談支援センターA （相談支援専門員：○○） ○○-○○○○ 生活介護事業所H （サビ管：○○さん）	自分のかなえたい夢や希望を、話しやすい人に伝えましょう。	3か月	電話や口頭での相談がむずかしい場合はメールなどでも相談できるように、アドレスを伝えています。そのときは勤務時間内での返答になることを事前にお伝えしています。

今回のプラン作成における思考過程

見立て

◆本人はお母さんの腰痛を心配して自分の気持ちを抑えているのではないか。

根　拠

◆移動支援を提案しても、「お母さんが仕事をやめて介護をしてくれているのに僕がお金を使ってはいけない」と思っていることが、表情やしぐさ、かかわる支援者との会話から読みとれる。

◆自分の夢を我慢していることが言葉の端々から感じられる。

手立て

◆本人の隠された気持ちをていねいに聞き出していくためには、チーム支援が必要であるため、かかわる全員と現状を共有する。そのために、以下のことが必要となる。

① モニタリングにて本人の気持ちを確認する

② サービス担当者会議を開催して「チーム裕二」を結成し、チームで支援を検討する

③ 生活全体をイメージした暮らしができるような計画につくり直す

④ 本人の理解と同意が得られるように、裕二さんにはモニタリングや会議の前に、「パソコン読み上げ」がしやすいデータ資料をメールで送っておく

◆本人の望む暮らしをイメージして、フォーマルなサービス（移動支援と同行援護の違い、居宅介護と重度訪問介護の違いなどを含む）やインフォーマルなサービスの内容・情報を、主任相談支援専門員や基幹相談支援センターの職員などから収集しておく。

取得が考えられる報酬例

●サービス担当者会議実施加算

　継続サービス利用支援の実施時において、利用者の居宅等を訪問し、面接するとともに、福祉サービス等の担当者を招集して、利用者の心身の状況等やサービスの提供状況の確認、計画の変更その他必要な便宜の提供について検討を行った場合に取得することができます（利用者1人につき、1月1回を限度）。

モニタリングで集めた情報

・20歳の誕生日以降、裕二さんは妹さんとの食事や同行援護での外出、生活介護でのレクリエーションをきっかけに、自分のやりたいことや夢（①コンサートに行きたい、②子どものころにお父さんと登った山にもう1回登りたい、③パソコンを使った仕事に就いてみたい、④お母さんの腰の負担を減らしてあげたいなど）を言葉にできるようになってきている。
・裕二さんが住んでいるT市には、「夢見る山岳隊」という登山サークルがある（基幹相談支援センターより情報を入手）。
・電車で6駅向こうにあるK市には視力障害者センターがあり、そこではパソコン作業や生活がしやすくなる自助具や補装具、ICTの体験と練習ができる設備がある。
・お父さんがあと半年で日本に帰ってくる。

モニタリング報告書（継続サービス利用支援）

利用者氏名（児童氏名）	木村　裕二　様	障害支援区分	
障害福祉サービス受給者証番号		利用者負担上限額	
地域相談支援受給者証番号		通所受給者証番号	
計画作成日	令和 4 年 11 月 13 日	モニタリング実施日	

総合的な援助の方針

20 歳になった裕二さん。大人の男性として、これからの暮らしについて、自分の思いをゆっくり聞かせてください。「こんな暮らしがしてみたい」を一緒に考えていきます。

優先順位	支援目標	達成時期	サービス提供状況（事業者からの聞き取り）	本人の感想・満足度
1	裕二さんが望む "お母様への負担を減らしたい" を考え、自宅でお風呂に入らなくてすむように、毎日入浴を提供できるように支援します。	令和 4 年 11 月	毎日休みなく通所ができています。お風呂も毎日入れています。　見直しポイント❷　p.88 参照	毎日休まず通所しています。入浴も今までどおりできています。
2	外出時に視覚情報を伝えながらコミュニケーションを図って、楽しい外出を心がけた支援を行います。	令和 5 年 3 月	今月は 4 月 10 日に支援をしています。本人の希望に合わせて○○ CD 販売店へ電車を使って行ってきました。	ヘルパーさんと初めて外出しました。また行きたいです。
3	裕二さんが考えている、かなえたい夢や希望について、話ができるタイミングで相談にのります。伝えやすい環境を常に意識します。	令和 5 年 4 月	電話やメールでの相談はありませんでしたが、家庭訪問したときにゆっくり話を聞くことができました。	電話やメールをするのは忙しいので遠慮しました。でも、今日は話ができました。

| 区分6 | | 相談支援事業者名 | 相談支援事業所　G |
| | | 計画作成担当者 | ○○　○○ |

| 令和5年4月20日 | 利用者同意署名欄 | 木村　裕二 |

全体の状況
とくに大きな変わりはなく暮らしています。お母様の調子はまだ悪いので、外出もとくにしていません。

👆 **見直しポイント ❶** p.86 参照

支援目標の達成度 （ニーズの充足度）	今後の 課題・解決方法	計画変更の必要性			その他 留意事項
		サービス 種類の変更	サービス 量の変更	週間計画の 変更	
毎日お風呂に入れているとのことから、目標は達成している。	モニタリングの最後に本人の希望が聞けたので、サービスの変更をしていきたいと思います。	㊲・無	有・㊲	㊲・無	
今月初めて利用があった。		有・㊲	有・㊲	有・㊲	
訪問時に話ができたので、本人も安心できていると感じる。	計画の更新を行う。	有・㊲	有・㊲	有・㊲	

👆 **見直しポイント ❸** p.90 参照

見直しポイント ①

全体の状況

見直し 前

全体の状況
とくに大きな変わりはなく暮らしています。お母様の調子はまだ悪いので、外出もとくにしていません。

ポイント解説

この情報では、「モニタリング期間内に本人と家族がどのように過ごしていたか」について、全体の状況をイメージすることがむずかしい。

解説　　全体の状況については、計画に記載されたサービス以外の日常的な生活に着目することで、本人と家族の置かれている状況について大まかに把握し、トータルな視点で生活全般を見立てることが大切です。

見直し 後

全体の状況

体調面で大きな変化はない様子。ヘルパーさんと外出したことがうれしかったようで、家でも会話が増えている。お父様とは毎週日曜日の早朝にオンラインで話をしており、あと半年で日本に帰れる目途が立ったことを家族みんなが喜んでいる。お母様の腰痛も少しずつ緩和されているが、1人での介護にはやはり限界を感じている。久しぶりに家族3人で夕飯を食べることができ、妹さんとの会話が裕二さんのこれからの暮らしの刺激になっている。

 ポイント解説

本人や家族の体調面に関することや日常生活の様子を記載することで、暮らしのイメージがふくらみ、支援の方向性を再検討することができる。

解説　本人の現状について具体的なエピソードを交えながら確認することで、モニタリングまでの期間にどのように過ごしてきたかを想像することができます。ここでの聞き取りは、新たなアセスメントの追加情報として、今後の支援を見立てる重要な手がかりとなります。また、家族の現状もプライバシーを考慮しながらあわせて確認することで、支援の見立てと手立てを再検討するヒントになります。まずはここから、情報収集の第一歩として意識していきましょう。

サービス提供状況（事業者からの聞き取り）／
本人の感想・満足度

見直し 前

サービス提供状況（事業者からの聞き取り）	本人の感想・満足度
毎日休みなく通所ができています。お風呂も毎日入れています。	毎日休まず通所しています。入浴も今までどおりできています。

👆 ポイント解説

どちらも、利用頻度と入浴ができたかどうかの限られた情報の記載しかないため、全体的な本人の様子をつかむことができない。

解説

　ここでは、実際にサービスを利用したときの本人の表情や様子、感想がわかるような記載が必要となります。また、実際は体調不良で2日間事業所を休んでいましたが、聞き取り方が不十分であったため、「毎日通所できている」と、事実と異なる記載になってしまっています。サービス管理責任者は忙しいなかで多くの対応を求められますが、想像だけでの回答にならないように、質問の仕方には注意が必要です。

　ほかにも、生活介護は入浴だけのサービスではないため、食事やレクリエーション、余暇時間の様子なども確認する必要があります。

見直し 後

サービス提供状況（事業者からの聞き取り）	本人の感想・満足度
お風呂も風邪で休んだ2日以外は毎日入れています。20歳を迎えて本人の表情がにこやかになってきました。レクリエーションにも積極的に参加して、将来の夢の話では「僕は将来、パソコンを使った仕事をして働きたい」「もう一度山登りがしてみたい」と話をしてくれました。（サビ管○○）	朝からお風呂に入るのは気持ちがいいです。でも、昔みたいに自宅でお風呂に入ってみたい気持ちもあります。レクの時間に「仕事がしたい気持ち」や「登山の夢」を話しました。緊張したけどみんなが応援してくれてうれしかったです。（本人） 裕二が私のことを心配してくれていることを最近強く感じます。20歳を迎えたのを機に新しい応援ができたらいいと思います。（母）

 ポイント解説

本人の言葉が重要となる。本人の気持ちがわかる表記を意識し、入浴以外の内容もしっかり本人の言葉で表現できるような聞き取りをすることが大切。

解説	モニタリングで大切な視点は、実際に活用しているサービスの提供時に発信される本人の声や表情、しぐさを記録として残すことです。そこには、新たな支援のヒントがたくさんあります。 　そのため、聴き手である相談支援専門員があらゆる角度から質問を行い、今まで確認することができなかったニーズを引き出すことも重要です。 　裕二さんは、楽しい雰囲気のなかで、今まで口にできなかった夢や希望を伝えることができました。その何気ない言葉を支援者がしっかりキャッチし、それをつないでいくチーム力と環境設定も重要です。

見直しポイント❸

今後の課題・解決方法／その他留意事項

見直し　前

今後の課題・解決方法	その他留意事項
モニタリングの最後に本人の希望が聞けたので、サービスの変更をしていきたいと思います。	

 ポイント解説

何をどのように変更するのかが具体的でないため、努力目標どまりになっている。

解説	今後の課題については、支援の見立てや手立てを相談支援専門員の目線で具体的に書いていくことが大切です。ここで具体的な方向性が示されていない場合には、支援の再検討につながっていかないことが想定されます。

見直し 後

今後の課題・解決方法	その他留意事項
モニタリングの最後に本人の希望が聞けたので、サービスの変更をしていきたい。 ①風呂（整容）に自宅で入る方法を提案してみる。 　・居宅介護（身体介護） 　・訪問入浴 ②働くための準備ができる通所先の提案をしてみる。 　・就労継続支援Ｂ型事業所 　・就労移行支援事業所 　・自立訓練（機能訓練）	後日、メールにて各種サービスの情報を伝える。また、インフォーマルなサービスや、かなえたい夢や希望についても選択できる情報を集め、サービス担当者会議を開催する。その後計画案を一緒に作成していく予定。

 ポイント解説

支援の変更追加について、考えられるサービスが具体的に記載されている。これによって次の展開がイメージできる。

解説　　本人の新たなニーズをふまえ、相談支援専門員の立場から考えられる支援の手立てを複数考えることは、意思決定支援の視点からも重要となります。また、視覚障害者が情報を事前に検索できる配慮を留意事項に記載することで、より具体的でていねいな支援を提供することができます。

モニタリング報告書（継続サービス利用支援）

利用者氏名（児童氏名）	木村　裕二　様	障害支援区分	
障害福祉サービス受給者証番号		利用者負担上限額	
地域相談支援受給者証番号		通所受給者証番号	

計画作成日	令和4年11月13日	モニタリング実施日	

総合的な援助の方針

20歳になった裕二さん。大人の男性として、これからの暮らしについて、自分の思いをゆっくり聞かせてください。「こんな暮らしがしてみたい」を一緒に考えていきます。

優先順位	支援目標	達成時期	サービス提供状況（事業者からの聞き取り）	本人の感想・満足度
1	裕二さんが望む"お母様への負担を減らしたい"を考え、自宅でお風呂に入らなくてすむように、毎日入浴を提供できるように支援します。	令和4年11月	お風呂も風邪で休んだ2日以外は毎日入れています。20歳を迎えて本人の表情がにこやかになってきました。レクリエーションにも積極的に参加して、将来の夢の話では「僕は将来、パソコンを使った仕事をして働きたい」「もう一度山登りがしてみたい」と話してくれました。（サビ管○○）	朝からお風呂に入るのは気持ちがいいです。でも、昔みたいに自宅でお風呂に入ってみたい気持ちもあります。レクの時間に「仕事がしたい気持ち」や「登山の夢」を話しました。緊張したけどみんなが応援してくれてうれしかったです。（本人）裕二が私のことを心配してくれていることを最近強く感じます。20歳を迎えたのを機に新しい応援ができたらいいと思います。（母）
2	外出時に視覚情報を伝えながらコミュニケーションを図って、楽しい外出を心がけた支援を行います。	令和5年3月	4月10日に本人の希望に合わせて○○CD販売店へ電車を使って行ってきました。久しぶりの買い物にとてもうれしそうでした。店内に入ると店内で流れる曲に対して「僕この歌知っている。コンサートって楽しいの？」と質問してこられました。帰りに好物のカレーうどんを食べて帰りました。（サ責○○）	ヘルパーさんと初めて外出しました。ドキドキしましたがていねいに情報を伝えてくれたので安心してCDを買うことができました。次はコンサートに行きたいなぁ～って思い、「コンサートは楽しいの」と質問したら「迫力があるよ～」と教えてもらい、「一緒に行けたらいいですね」という話になりました。（本人）
3	裕二さんが考えている、かなえたい夢や希望について、話ができるタイミングで相談にのります。伝えやすい環境を常に意識します。	令和5年4月	通所先で夢を伝えて恥ずかしかったようですが、皆が応援してくれたのでうれしかったとのことです。自宅での入浴や就労に向けたサービスについても口頭で情報を伝えています。とても興味をもって質問をしてこられました。メールで詳しい情報を伝える約束をしています。（相談支援専門員○○）	お母さんと別の部屋で話ができたので気持ちを伝えることができました。最近よく地震が起こっているのが気になっています。避難場所などどうしたらいいですか？（本人）1人で背負ってきましたが、皆さんに頼りながら裕二の目標が達成できるように応援したいです。地震は不安です。（母）

| 区分6 | 相談支援事業者名 | 相談支援事業所　G |
| | 計画作成担当者 | ○○　○○ |

| 令和5年4月20日 | 利用者同意署名欄 | 木村　裕二 |

全体の状況

体調面で大きな変化はない様子。ヘルパーさんと外出したことがうれしかったようで、家でも会話が増えている。お父様とは毎週日曜日の早朝にオンラインで話をしており、あと半年で日本に帰れる目途が立ったことを家族みんなが喜んでいる。お母様の腰痛も少しずつ緩和されているが、1人での介護にはやはり限界を感じている。久しぶりに家族3人で夕飯を食べることができ、妹さんとの会話が裕二さんのこれからの暮らしの刺激になっている。

支援目標の達成度（ニーズの充足度）	今後の課題・解決方法	計画変更の必要性			その他留意事項
		サービス種類の変更	サービス量の変更	週間計画の変更	
毎日お風呂に入れているとのことから、目標は達成している。一方で、新たな目標ができているので、支援の変更が必要な時期にきていると感じる。	モニタリングの最後に本人の希望が聞けたので、サービスの変更をしていきたい。①風呂（整容）に自宅で入る方法を提案してみる。・居宅介護（身体介護）・訪問入浴②働くための準備ができる通所先の提案をしてみる。・就労継続支援B型事業所・就労移行支援事業所・自立訓練（機能訓練）	有・⑳無	⑳有・無	有・⑳無	後日、メールにて各種サービスの情報を伝える。また、インフォーマルなサービスや、かなえたい夢や希望についても選択できる情報を集め、サービス担当者会議を開催する。その後計画案を一緒に作成していく予定。
今月初めて利用があった。ヘルパーとの会話からもとても充実した外出ができたことが想像できる。	次回の利用についてはコンサートの話が出ている（また、山登りをしたい意向も確認できている）。当初予定の月に1回〇時間では足りない。一度、「コンサート」と「登山」をシミュレーションした時間を算定してみたいと思う。	有・⑳無	⑳有・無	⑳有・無	コンサートについては、チケットの確保などを誰が行うかを裕二さんと確認しておくこと。登山については、ヘルパーさんだけではなく、お母様が教えてくれた近所の〇〇さんにも協力を依頼することも視野に検討していく。
訪問時にお母様とは別の部屋で話をすることができた。今まではお母様への申し訳なさがあったようで、今回は自分のかなえたい夢や希望を少し確認することができ、本人も満足している表情だった。	希望に合った計画への変更を行うにあたり、裕二さんにかかわるみんなで「チーム裕二」を結成することを考える。まずはサービス担当者会議を開催し、裕二さんの夢の実現と家族を支える支援等を検討していく。	有・⑳無	有・⑳無	有・⑳無	担当者会議の開催については、モニタリング月であることをふまえて「サービス担当者会議実施加算」の対象として実施予定。

サービス等利用計画

利用者氏名（児童氏名）	木村　裕二　様	障害支援区分	
障害福祉サービス受給者証番号		利用者負担上限額	
地域相談支援受給者証番号		通所受給者証番号	

計画作成日	令和5年6月1日	モニタリング期間 （開始年月）	
利用者及びその家族の生活に対する意向（希望する生活）	私は11月で20歳になりました。お父さんお母さん今まで本当にありがとう。なぁ……。それから、就職がしたいです！！そのために自分にできるいろんなしてあげたいなぁ……。(裕二) 裕二が私のことを心配してくれていることを最近強く感じます。11月で20歳		
総合的な援助の方針	20歳になった裕二さん。今年は節目の年としていろんなことにチャレンジし、		
	長期目標	2年後の一般就労に向けて、さまざまなスキルアップに挑戦しましょう。とき	
	短期目標	新しい活動への第一歩の始まりです。まずはあせらず一つひとつを確実に行い	

優先順位	解決すべき課題 （本人のニーズ）	支援目標	達成時期
1	将来就職したいので、働くための力を身につけたいなぁ。	裕二さんの目標である一般就労に向けて、パソコン技術等の向上と日常生活スキルの習得ができるように、専門的視点から支援します。	令和5年6月
2	コンサートに行ってみたいなぁ。 登山にも挑戦したい。 （お父さんと子どものころに登った山） 買い物も今までどおり行くぞ～。 CDを買ったあとにカフェによる。	家に閉じこもりがちな週末を楽しく外出できるように、視覚情報を伝えながら予定をきっちり立てて支援を行います。支援当日は不安に感じないような声かけを心がけます。	令和5年10月
3	自宅でゆっくりお風呂に入りたいなぁ。 モーニングケアと移乗を手伝ってほしい。	自宅の浴槽で自分のペースで安全に入浴できるように、直接的な支援と声かけをていねいに行います。	令和5年6月
4	災害時に助けてほしい。	災害時に対応マニュアルに沿った支援を行います。モニタリング時に災害時をイメージした話をしましょう。	随時

区分6	相談支援事業者名	相談支援事業所　G
	計画作成担当者	○○　○○

3か月ごと（令和5年7月、10月）	利用者同意署名欄	木村　裕二

今年はお父さんと子どものころによく行った登山に挑戦したいし、○○のコンサートにヘルパーさんと行ってみたいことにチャレンジするぞ〜！災害時はやはり心配なのでみんなで助けてくれると安心です。あと……お母さんの負担を減ら

になりました。とてもうれしいです。これからは裕二の夢がかなうように新しい応援ができたらいいと思っています。（母）

「こんな暮らしがしてみたい」を一緒にデザインしていきます。

には悩むこともあるかもしれません。そんなときはチーム裕二で一緒に悩み、一緒に暮らしを考えていきます。

ましょうね。疲れたときは休憩もありです。みんなで応援しています。

福祉サービス等		課題解決のための本人の役割	評価時期	その他留意事項
種類・内容・量（頻度・時間）	提供事業者名（担当者名・電話）			
自立訓練（機能訓練）　5回/週 →ICTの活用、生活スキル（パソコン・スマホ決済） 就労に関する相談	視力障害センター（サビ管：○○さん）○○-○○○○ 障害者就業・生活支援センター（担当者：○○さん）○○-○○○	わからないことはその都度何度も質問をして確認しましょう。	3か月	当面はお母様の送迎となりますが、通所についてはフォーマル、インフォーマルなサービスを視野に検討を続けていきます。
同行援護　2〜3回/月 1回　3〜6時間 →視覚情報のていねいな提供 ボランティア 　夢見る山岳隊 　→近所の○○さんが入っている 相談支援専門員	ヘルパーステーションT（サ責：○○さん）○○-○○○○ 夢見る山岳隊（代表：○○さん）○○-○○○ チーム裕二（相談支援専門員○○）	行きたいところを自分なりにパソコンでピックアップして相談しましょう。	3か月	電話や口頭での相談がむずかしい場合はメールなどでも相談できるように、アドレスを伝えています。そのときは勤務時間内での返答になることを事前にお伝えしています。
居宅身体介護　5回/週 朝　30分 夕　60分 →入浴支援と整容	ヘルパーステーションT（サ責：○○さん）○○-○○○○	寒さや湯加減など、自分の意向をはっきりと伝えましょう。	3か月	久しぶりの自宅入浴です。以前はお父様と一緒に入っていたこともあり、配置はわかっています。浴室内での転倒には十分に注意を払った支援を行います。
避難所　○○小学校体育館 災害対応マニュアル	T市役所危機管理室（○○さん）○○-○○○	日ごろから防災のことを意識して暮らしましょう。災害時はあわてず、まずは自分のできること（とくに命を守ること、助けを求めること）を行いましょう。	3か月	"災害は忘れたころにやってくる"を合言葉に、サービス担当者会議で自助と共助・公助について、支援方法の確認を行いました。

95

「働き続けたい、今のままでも いいような気もするけど……」

▶ 事例概要

氏名・性別・年齢

氏名 津軽 凛子（女性）

年齢 30 歳

障害等

うつ病（精神障害者保健福祉手帳 2 級）

家族構成

- ・1 人暮らし
- ・同市内に両親、姉（結婚して別世帯）がいる

生活歴

　県内の普通高校卒業後、一般企業で就労。就労先で先輩や同僚とうまくいかず、仕事も覚えられず、しだいに眠れなくなっていった。半年ほどで出社も困難となり、休職。心配した家族が心療内科の受診をすすめ、うつ病の診断がついた。その後、退職し、自宅で療養。外に出ることで責められるのではとの不安感が強く、5 年間ひきこもりに近い生活を送る。買い物に行くことはできていたが、仕事をすると考えると、一歩踏み出せない状況であった。

　両親の仕事へのうながしの言動がプレッシャーになり、28 歳のときにアパートでの 1 人暮らしを始め、障害基礎年金と両親からの援助で生活。姉の結婚を機に、自分もこのままではいけないと思い、ハローワークへ行き、就労継続支援 A 型の存在を知る。一般企業は怖いという気持ちも強く、まずは支援を受けて収入が得られる就労継続支援 A 型での雇用を希望し、利用を開始。もともと几帳面な性格であり、作業は逐一職員に確認しながら行うことができている。

　現在は、障害基礎年金 2 級と就労継続支援 A 型の給与で生活している。

相談支援専門員との関係性

- ・2 回目の計画作成。
- ・相談支援専門員とのかかわりは 3 年。

▶ 情報の整理、ニーズの絞り込み・焦点化

●本人に関する情報

・家事全般は、支援がなくても 1 人で行うことができる。

・寝つきが悪くなるのが調子をくずしはじめているサイン。

・インターネットの情報等から、自閉スペクトラム症が自分のベースにあるのではと思っているが、主治医に言えずにいる（料理の際に調味料をきっちり量らないと気がすまないこと、音への過敏さがあることから）。

・移動手段は徒歩、バス。普通自動車運転免許を所持している（ペーパードライバー）。

・オンラインゲームの仲間がいる。オフ会に参加することもある。

・パソコンを使ってイラストを描くことが好き。自分で架空のゲームのキャラクターをデザインしている。

・初対面の人と話すのは苦手。打ち解けると、アニメやゲームの話が止まらなくなる。

●家族に関する情報

・父（62 歳）は定年を迎えているが、同じ会社で再雇用されている。

・母（60 歳）は専業主婦。本人への理解はある。

・姉（35 歳）は会社員。本人とは主に SNS でやりとりをしている。買い物に一緒に行くこともある。

●利用施設に関する情報

・就労継続支援 A 型を開業して 10 年。主に、中古の本や DVD、衣類等のインターネット販売を行っているため、パソコン入力、商品の梱包・出品、倉庫での商品整理などの作業を提供している。そのほか、季節ごとの作業（ねぶた祭りの商品づくりなど）がある。

・利用定員は 20 名。職員は女性が多い。

・ハローワークで配布している障害者専用求人の情報を事業所内に毎月掲示している。

●その他の情報

・心療内科の受診は継続している（月 1 回）。

・服薬は自己管理で飲み忘れはない。

・自宅から徒歩 15 分圏内に、ハローワーク、就労継続支援 A 型事業所、障害者職業センターがある。

・障害者就業・生活支援センターは未登録。

・就労継続支援 A 型の職業指導員に、「一般就労はしてみたいけど、前のようにうまくいかないのは不安。でも 30 歳だし、いつまでもこのままでいいのかなと思うことがある。障害者雇用ってどういうものなのか、少し興味がある」と話したことがある。

サービス等利用計画

利用者氏名（児童氏名）	津軽　凛子　様	障害支援区分	
障害福祉サービス受給者証番号		利用者負担上限額	
地域相談支援受給者証番号		通所受給者証番号	

計画作成日	令和5年1月4日	モニタリング期間 （開始年月）	

利用者及びその家族の生活に対する意向（希望する生活）	今の就労継続支援A型で働きたい。体調をくずさないようにした
総合的な援助の方針	就労継続支援A型を利用して、体調をくずさない範囲でできる仕
長期目標	1人でできる仕事を増やしましょう。
短期目標	週5回、就労継続支援A型に通いましょう。

優先順位	解決すべき課題 （本人のニーズ）	支援目標	達成時期
1	仕事を続けたい。	就労継続支援A型を利用して、作業を行うことで収入を得られるように支援します。	6か月
2	体調を維持したい。	体調をくずさず、通所を継続できるように支援します。	6か月

判定未実施	相談支援事業者名	相談支援事業所　A
	計画作成担当者	○○　○○

令和5年6月、12月、 令和6年6月、12月、 令和7年6月、12月	利用者同意署名欄	津軽　凛子

い。

👆 見直しポイント❶ ▶ p.100 参照

事を続けられるように支援します。

👆 見直しポイント❷ ▶ p.100 参照

福祉サービス等		課題解決のための 本人の役割	評価 時期	その他 留意事項
種類・内容・量 （頻度・時間）	提供事業者名 （担当者名・電話）			
就労継続支援A型　5回/週 →就労機会の提供、作業の提供等	就労継続支援A型 （○○：○○-○○○○）	説明や指示に不安があれば、その都度確認しましょう。	6か月	
就労継続支援A型　適宜 →状況確認、不安の解消等 心療内科　外来　1回/月 →通院治療、服薬治療	就労継続支援A型 （○○：○○-○○○○）	体調が悪いサインが出たときには、職員や病院に相談しましょう。	6か月	

プランの修正

見直しポイント❶ 本人の希望する生活について、深く把握していない

見直し 前

利用者及びその家族の生活に対する意向（希望する生活）
今の就労継続支援 A 型で働きたい。体調をくずさないようにしたい。

解説 本人が相談支援専門員に語った内容のみ記載しており、関係機関からの情報をふまえていません。また、本人の表面上の意向であり、核心ではありません。さらに深く聞き取りを行っていく必要があります。

見直しポイント❷ 本人の将来の希望を目標に反映できていない

見直し 前

総合的な援助の方針
就労継続支援 A 型を利用して、体調をくずさない範囲でできる仕事を続けられるように支援します。
長期目標
1 人でできる仕事を増やしましょう。
短期目標
週 5 回、就労継続支援 A 型に通いましょう。

解説 本人の将来の希望に注目せず、現状維持の目標となっています。わずかにでも表出された意向をくみ取り、計画や目標に反映させる必要があります。

見直し 後

利用者及びその家族の生活に対する意向（希望する生活）

本当は以前のように会社で働くことも考えているけど、どうしたらいいかわからないし、失敗したらと不安もある。障害者雇用という働き方もあると聞いたけど、何からやればいいか、どんな仕事があるかわからない。

解説　日ごろかかわっている事業所の職員へ漏らした一言に、本当の希望が隠れている場合もあります。関係機関との情報共有を行い、本人の意向をすり合わせしていくことが大切です。「迷っている」「よくわからない」も本人の意向です。よくわからないから支援できないわけではありません。不安や迷いを共有して、一緒に次の行動や具体策を検討していきましょう。

見直し 後

総合的な援助の方針

就労継続支援Ａ型を利用して収入を得ながら、企業での就労を視野に入れて情報を集め、どのように進むのがよいかを一緒に考え、行動できるように支援します。

長期目標

興味のある会社があれば、実際に見学を行いましょう。

短期目標

毎月ハローワークからくる求人情報を見ましょう。

解説　一般就労したいけれど不安があるという点から、段階を経て具体的なイメージをもち、動いていける目標としています。スモールステップを意識して、本人の精神的な不安を解消しながら前に進む目標を設定することが重要です。

サービス等利用計画

利用者氏名（児童氏名）	津軽　凛子　様	障害支援区分	
障害福祉サービス受給者証番号		利用者負担上限額	
地域相談支援受給者証番号		通所受給者証番号	

計画作成日	令和5年1月4日	モニタリング期間（開始年月）

利用者及びその家族の生活に対する意向（希望する生活）	本当は以前のように会社で働くことも考えているけど、どうしたらやればいいか、どんな仕事があるかわからない。
総合的な援助の方針	就労継続支援A型を利用して収入を得ながら、企業での就労を視
長期目標	興味のある会社があれば、実際に見学を行いましょう。
短期目標	毎月ハローワークからくる求人情報を見ましょう。

優先順位	解決すべき課題（本人のニーズ）	支援目標	達成時期
1	仕事を続けたい。	就労継続支援A型を利用して、作業を行うことで収入を得られるように支援します。	6か月
2	会社で働くことにも興味はある。	一般就労についての情報提供を行い、就労に向けた支援を行います。	6か月
3	働くことを考えると不安も増えるかもしれない。	就労に向けて今までと異なる動きがあるため、不安や悩みがないか確認していきます。	6か月

判定未実施	相談支援事業者名	相談支援事業所　A
	計画作成担当者	○○　○○

令和5年6月、12月、令和6年6月、12月、令和7年6月、12月	利用者同意署名欄	津軽　凛子

らいいかわからないし、失敗したらと不安もある。障害者雇用という働き方もあると聞いたけど、何か

野に入れて情報を集め、どのように進むのがよいかを一緒に考え、行動できるように支援します。

福祉サービス等		課題解決のための本人の役割	評価時期	その他留意事項
種類・内容・量（頻度・時間）	提供事業者名（担当者名・電話）			
就労継続支援A型　5回/週→就労機会の提供、作業の提供等	就労継続支援A型（○○：○○-○○○○）	休むときには連絡をしましょう。いろいろな作業に取り組みましょう。	6か月	
就労継続支援A型　5回/週→求人の紹介、企業見学会の情報提供等　相談支援事業所　適宜→就労に向けた訓練施設やプログラムの情報提供等	就労継続支援A型（○○：○○-○○○○）　相談支援事業所A（○○：○○-○○○○）	求人情報を見て、興味のある会社があれば、職員に伝えましょう。	6か月	障害者就業・生活支援センターへの登録を検討する。
就労継続支援A型　適宜→状況確認、不安の解消等　心療内科　外来　1回/月→通院治療、服薬治療	就労継続支援A型（○○：○○-○○○○）　心療内科（○○：○○-○○○○）	少しでも疑問に思うことは確認しましょう。わずかな体調の変化についても相談しましょう。	6か月	

今回のプラン作成における思考過程

見立て

◆現状維持を希望しつつも、一般就労に興味をもちはじめている。しかし、以前会社で勤務していた際にうつ病を発症した経緯があり、会社で働くことに漠然とした不安をかかえている状況にあるのではないか。

根　拠

◆もともと慣れていない人との会話は苦手で、先を考えすぎて不安になる傾向があった。診断名はうつ病だが、本人は自閉スペクトラム症があると思っている。マルチタスクが苦手なため、指示は1つずつ視覚化する必要があり、特性や症状をふまえて就労先を検討する必要がある。

手立て

◆本人の不安を確認しながら、
① 求人情報の確認
② 実際の企業の見学
と段階を経て進めることとした。

　また、障害者就業・生活支援センターに登録して、今後、就労移行支援や障害者職業センターなどでの基礎訓練を紹介し、見学と体験を進めることにしている。

取得が考えられる報酬例

●サービス担当者会議実施加算

継続サービス利用支援の実施時において、利用者の居宅等を訪問し、面接するとともに、福祉サービス等の担当者を招集して、利用者の心身の状況等やサービスの提供状況の確認、計画の変更その他必要な便宜の提供について検討を行った場合に取得することができます（利用者1人につき、1月に1回を限度）。

●集中支援加算

計画決定月およびモニタリング対象月以外の月に、障害福祉サービス等の利用に関して、月2回以上の居宅等を訪問しての面接を行った場合、サービス担当者会議を開催した場合、他機関の主催する利用者の支援の検討等を行う会議へ参加した場合に取得することができます。

●サービス提供時モニタリング加算

継続サービス利用支援の実施時またはそれ以外の機会において、障害福祉サービス事業所や実習先に出向いてサービス提供状況を確認し、その結果の記録を作成したときに取得することができます（利用者1人につき1月に1回を限度、かつ、相談支援専門員1人あたり1月に39人を限度）。

モニタリングで集めた情報

・4月に障害者就業・生活支援センターへ登録した。
・求人票は毎月見ている。
・具体的な業務内容は求人票を見てもよくわからないとのこと。
・視覚化したマニュアルがあることで、就労継続支援A型での作業は問題なくできている。

モニタリング報告書（継続サービス利用支援）

利用者氏名（児童氏名）	津軽　凛子　様	障害支援区分	
障害福祉サービス受給者証番号		利用者負担上限額	
地域相談支援受給者証番号		通所受給者証番号	

計画作成日	令和5年1月4日	モニタリング実施日	

総合的な援助の方針
就労継続支援A型を利用して収入を得ながら、企業での就労を視野に入れて情報を集め、どのように進むのがよいかを一緒に考え、行動できるように支援します。

優先順位	支援目標	達成時期	サービス提供状況（事業者からの聞き取り）	本人の感想・満足度
1	就労継続支援A型を利用して、作業を行うことで収入を得られるように支援します。	6か月	通所は休まず行っている。作業も問題ない。新しい利用者とペアにしても仕事をていねいに教えている様子が見られる。	A型での作業内容は変わりない。とくに新しい仕事もなく、出品、梱包、発送作業をしていた。最低賃金が上がり、少し給料が増えた。
2	一般就労についての情報提供を行い、就労に向けた支援を行います。	6か月	毎月掲示される求人情報を本人も見ているが、興味のある会社はなかったとのこと。4月に、障害者就業・生活支援センターに登録した。	求人情報を見てみたけど、やってみたい仕事がなかった。就業・生活支援センターに登録したけど、どういう支援をしてくれるかは働かないとわからないのかなと思う。 見直しポイント ❶ p.108 参照
3	就労に向けて今までと異なる動きがあるため、不安や悩みがないか確認していきます。	6か月	就労について、本人からの積極的な行動はなかった。とくに不安は聞かれていない。病院受診は継続されている。	求人を見るだけだとよくわからなくて、何をしたらいいかなぁと思っていた。 見直しポイント ❷ p.110 参照

判定未実施	相談支援事業者名	相談支援事業所　A
	計画作成担当者	○○　○○

令和５年６月２日	利用者同意署名欄	津軽　凛子

全体の状況
就労継続支援Ａ型の通所は継続している。作業内容は変わらず、インターネット販売一連の流れを行っている。一般就労に向けて動きたいとの意向があり、求人票を見ていたが、やってみたい仕事はなかったようである。引き続き、興味のある仕事を探していくこととした。４月に、障害者就業・生活支援センターに登録した。

支援目標の達成度 （ニーズの充足度）	今後の 課題・解決方法	計画変更の必要性			その他 留意事項
		サービス 種類の変更	サービス 量の変更	週間計画の 変更	
作業はていねいに取り組んでおり、他者への教え方も上手である。	就労を継続できるように支援を行う。	有・無	有・無	有・無	
興味のある求人はなかったようである。	興味のある求人を見つけ次第、就労に向けた支援を行う。	有・無	有・無	有・無	
就労に向けての具体的な動きは行っていなかった。	動きが出た際には、不安感がないか確認を行う。	有・無	有・無	有・無	

見直しポイント❶

サービス提供状況（事業者からの聞き取り）/
本人の感想・満足度

見直し 前

サービス提供状況（事業者からの聞き取り）	本人の感想・満足度
毎月掲示される求人情報を本人も見ているが、興味のある会社はなかったとのこと。4月に、障害者就業・生活支援センターに登録した。	求人情報を見てみたけど、やってみたい仕事がなかった。就業・生活支援センターに登録したけど、どういう支援をしてくれるかは働かないとわからないのかなと思う。

ポイント解説

「興味のある会社はなかった」との発言を具体的に掘り下げられていない。

解説　「興味のある会社はなかった」「やってみたい仕事がなかった」という言葉だけで、具体的にどのようなことに興味があり、どのようなことに不安があるのかを聞き取れていません。

障害者就業・生活支援センターに登録した後にどう動いてよいのかについて、本人の理解が深まっていないことがわかりますが、そのことへの対応もしていません。

見直し 後

サービス提供状況（事業者からの聞き取り）	本人の感想・満足度
毎月掲示される求人情報を本人も見ているが、興味のある会社はなかったとのこと。4月に、障害者就業・生活支援センターに登録した。 そもそも事務員が何をするのか、自分に電話対応ができるのかと職員に聞いていたことがある。A型での報告、連絡、相談はできているが、指示は1つずつ、マニュアルの視覚化で本人が作業できている面はある。今の場所以外での就労となったときに、それを応用できるかは不安もある。一度、ビジネスマナーやスキルを身につけることも必要かもしれない。	求人情報を見てみたけど、やってみたい仕事がなかった。事務員とかスーパーの仕事があったけど。就業・生活支援センターに登録したけど、どういう支援をしてくれるかは働かないとわからないのかなと思う。 業務内容に電話対応と書いてあると、電話が苦手だから無理だと思う。今は職員がいるからすぐに相談できるし、仕事内容もボードに書いてあるからわかりやすいけど、前の会社だとそうではなかった。

 ポイント解説

就労継続支援A型での本人の働きぶりを詳細に確認することで、一般就労に向けて必要なことを確認できている。

解説 実際の作業内容を具体的に確認することで、本人の仕事に対する苦手なところ、できているところを共有できています。そのうえで、本人の気持ちを聴くことで、細かな部分の困り感や不安感を知ることができています。

サービス提供状況（事業者からの聞き取り）／ 本人の感想・満足度

見直し（前）

サービス提供状況（事業者からの聞き取り）	本人の感想・満足度
就労について、本人からの積極的な行動はなかった。とくに不安は聞かれていない。病院受診は継続されている。	求人を見るだけだとよくわからなくて、何をしたらいいかなぁと思っていた。

✊ **ポイント解説**

事業所、本人から具体的な話を引き出していない。

解説	求人票を見るだけだとよくわからないと表明しているため、どこがわからないか、何が気になるかを確認し、漠然としている部分を細分化していく必要があります。事業所内での何気ない会話のなかに本人の真意があるかもしれないため、どのような会話があったかを確認するとよいでしょう。

見直し 後

サービス提供状況（事業者からの聞き取り）	本人の感想・満足度
就労について、本人からの積極的な行動はなかった。動く前から先のことが不安になるようで、もし怖い先輩がいたらどうしようなどと話していることがあった。	求人を見るだけだとよくわからなくて、何をしたらいいかなぁと思っていた。前の職場でおばさんにいろいろと言われたこともあり、先のことを考えると不安になる。病院の先生にも相談しているが、「自分でやってみたら？　就職はできるよ」と言われる。

 ポイント解説

「よくわからない」の背景が、事業所、本人の発言から見えてきた。

解説　事業所からの情報をもとに本人へ質問をすると、「わからない」というよりも、「不安に感じている」ということが見えてきました。モニタリングの際には、事業所、本人のどちらから話を聞くかで内容の深め方も変わりますが、言動や行動についてそれぞれに確認すると、情報の正確性が高まります。

見直し 後 モニタリング報告書

モニタリング報告書（継続サービス利用支援）

利用者氏名（児童氏名）	津軽　凛子　様		障害支援区分	
障害福祉サービス受給者証番号			利用者負担上限額	
地域相談支援受給者証番号			通所受給者証番号	

計画作成日	令和5年1月4日	モニタリング実施日	

総合的な援助の方針

就労継続支援A型を利用して収入を得ながら、企業での就労を視野に入れて情報を集め、どのように進むのがよいかを一緒に考え、行動できるように支援します。

優先順位	支援目標	達成時期	サービス提供状況（事業者からの聞き取り）	本人の感想・満足度
1	就労継続支援A型を利用して、作業を行うことで収入を得られるように支援します。	6か月	通所は休まず行っている。作業も問題ない。新しい利用者とペアにしても仕事をていねいに教えている様子が見られる。作業手順のマニュアル作成を本人にしてもらおうか検討しているところである。	A型での作業内容は変わりない。とくに新しい仕事もなく、出品、梱包、発送作業をしていた。最低賃金が上がり、少し給料が増えた。若い人が入ってきたので、いろいろ教えてあげてと職員に頼まれている。負担にはならないし、かわいいなと思っている。
2	一般就労についての情報提供を行い、就労に向けた支援を行います。	6か月	毎月掲示されている求人情報を本人も見ているが、興味のある会社はなかったとのこと。4月に、障害者就業・生活支援センターに登録した。そもそも事務員が何をするのか、自分に電話対応ができるのかと職員に聞いていたことがある。A型での報告、連絡、相談はできているが、指示は1つずつ、マニュアルの視覚化で本人が作業できている面はある。今の場所以外での就労となったときに、それを応用できるかは不安もある。一度、ビジネスマナーやスキルを身につけることも必要かもしれない。	求人情報を見てみたけど、やってみたい仕事がなかった。事務員とかスーパーの仕事があったけど。就業・生活支援センターに登録したけど、どういう支援をしてくれるかは働かないとわからないのかなと思う。業務内容に電話対応と書いてあると、電話が苦手だから無理だと思う。今は職員がいるからすぐに相談できるし、仕事内容もボードに書いてあるからわかりやすいけど、前の会社だとそうではなかった。
3	就労に向けて今までと異なる動きがあるため、不安や悩みがないか確認していきます。	6か月	就労について、本人からの積極的な行動はなかった。動く前から先のことが不安になるようで、もし怖い先輩がいたらどうしようなどと話していることがあった。	求人を見るだけだとよくわからなくて、何をしたらいいかなぁと思っていた。前の職場でおばさんにいろいろと言われたこともあり、先のことを考えると不安になる。病院の先生にも相談しているが、「自分でやってみたら？ 就職はできるよ」と言われる。

| 判定未実施 | 相談支援事業者名 | 相談支援事業所　Ａ |
| | 計画作成担当者 | ○○　○○ |

| 令和５年６月２日 | 利用者同意署名欄 | 津軽　凛子 |

全体の状況

就労継続支援Ａ型の通所は継続している。作業内容は変わらず、インターネット販売一連の流れを行っている。４月に、障害者就業・生活支援センターに登録した。求人票は随時確認していたが、仕事の具体的な内容の理解はできていない部分もあった。また、以前働いていた会社と同じような出来事が起こらないか不安に思っている面もある。就労移行支援や障害者職業センターの利用も視野に入れて支援を行うこととしている。

支援目標の達成度 （ニーズの充足度）	今後の 課題・解決方法	計画変更の必要性			その他 留意事項
		サービス 種類の変更	サービス 量の変更	週間計画の 変更	
作業はていねいに取り組んでおり、他者への教え方も上手である。マニュアル作成等を自分でやってみることで自信につながるのではないか。	次の就業場所が決まるまでは、通所を継続できるように支援する。	有・㊔	有・㊔	有・㊔	
求人情報の具体的なところまで理解できていない部分もあったようである。	就労移行支援や障害者職業センターなど、一般就労に向けた支援機関の見学や体験を行えるように支援する。	㊕・無	有・㊔	㊕・無	
以前の就労先のことを思い出すと不安になり、進めなくなるようである。	ほかの支援機関を見学する際に不安要素がないか確認し、本人のペースで進めていく。	有・㊔	有・㊔	有・㊔	

サービス等利用計画

利用者氏名（児童氏名）	津軽　凛子　様	障害支援区分	
障害福祉サービス受給者証番号		利用者負担上限額	
地域相談支援受給者証番号		通所受給者証番号	

計画作成日	令和5年7月3日	モニタリング期間（開始年月）

利用者及びその家族の生活に対する意向（希望する生活）	本当は以前のように会社で働くことも考えているけど、失敗した センターに登録はした。求人情報も見たけど、正直何がいいのか
総合的な援助の方針	就労継続支援A型を利用して収入を得ながら、企業での就労を視
長期目標	一般就労に必要なことを理解して、自分が今何をすべきか具体的
短期目標	就労に必要な力をつけるため、A型以外のサービスを見学します。

優先順位	解決すべき課題（本人のニーズ）	支援目標	達成時期
1	仕事を続けたい。	就労継続支援A型を利用して、作業を行うことで収入を得られるように支援します。	6か月
2	会社で働くことにも興味はあるけど、自分にできるか不安。	就労するために、必要な技術を身につける場所の見学や体験をする機会を提供します。	3か月
3	働くことを考えると不安も増えるかもしれない。	就労に向けて今までと異なる動きがあるため、不安や悩みがないか確認していきます。	3か月

判定未実施	相談支援事業者名	相談支援事業所　A
	計画作成担当者	○○　○○

令和5年12月、令和6年6月、12月、令和7年6月、12月	利用者同意署名欄	津軽　凛子

らと不安もある。障害者雇用という働き方もあると聞いて興味があったから、**障害者就業・生活支援**
わからない。仕事の指示も1つずつしてくれないとわからないこともある。

野に入れて情報を集め、どのように進むのがよいかを一緒に考え、行動できるように支援します。

に考えます。

福祉サービス等		課題解決のための本人の役割	評価時期	その他留意事項
種類・内容・量（頻度・時間）	提供事業者名（担当者名・電話）			
就労継続支援A型　5回/週 →就労機会の提供、作業の提供等	就労継続支援A型（○○：○○-○○○○）	休むときには連絡をしましょう。いろいろな作業に取り組みましょう。	6か月	
就労継続支援A型　5回/週 →求人の紹介、企業見学会の情報提供等 **障害者就業・生活支援センター　適宜** 相談支援事業所　適宜 →就労に向けた訓練施設やプログラムの情報提供等	就労継続支援A型（○○：○○-○○○○） **障害者就業・生活支援センター（○○：○○-○○○○）** 相談支援事業所A（○○：○○-○○○○）	**就労継続支援A型以外のサービスを見学して、自分でやってみたいことを見つけていきましょう。**	3か月	就労移行支援、障害者職業センターの見学、体験利用を行い、一般就労のイメージをもてるようにする。 仮にA型を退職しても、失業保険を受給できる可能性を説明する。
就労継続支援A型　適宜 →状況確認、不安の解消等 心療内科　外来　1回/月 →通院治療、服薬治療	就労継続支援A型（○○：○○-○○○○） 心療内科（○○：○○-○○○○）	少しでも疑問に思うことは確認しましょう。 わずかな体調の変化についても相談しましょう。	6か月	

巣立ちに向けて
（自分なりの自立を探して）

▷ 事例概要

氏名・性別・年齢

氏名 阿波 渦太郎（男性）

年齢 45 歳

障害等

知的障害、身体障害

家族構成

母と 2 人暮らし（父は 4 年前に病気で他界、弟家族は近所に在住）

生活歴

　高校卒業後、地域にある農産物の加工工場に就職し、1 人暮らしを始める。しかし、金銭管理や生活習慣の乱れ、職場での対人関係トラブル（理解力の低さから誤解が多かった）が見られた。サポートしてくれる人がいなかったこともあり、数か月で退職。しぶしぶ実家に戻った。

　実家は農家を営んでいたが、自分の気の向いたときに手伝う程度で、好きなゲームをしたり、マンガを読んだりして過ごすことが多かった。将来を不安に感じた母親が市役所に相談。これまでの経緯から、知的障害の可能性があるのではないかと療育手帳申請を行い、交付される。これを機に、少しは何かをするようにしたかった母が、好きなゲームやマンガが読めるようなところなら行ってもよいと本人に言い、地域活動支援センターの利用が始まる。

　39 歳のときに自宅で倒れ、救急搬送される。診断結果は脳梗塞であった。幸いにも重篤な状態にはならなかったが、左半身に軽度な麻痺が残る（日常生活上は大きな支障はない）。その後、身体障害者手帳を取得。

　41 歳のときに父が他界。それを機に、今後の生活について、母も本人も心配が増す。とくに母は、将来がさらに不安になり、仕事を始めたほうがよいのではないかと考え、地域活動支援センターのスタッフから紹介された相談支援センターTに相談し、支援が始まる。

相談支援専門員との関係性

　相談初期は将来を心配した母が仕事につながる支援を望むも、本人が希望せず障害福祉サービスの利用に至らなかった。その後は時折電話で近況を聞く程度であったが、母の病気判明後に再度相談があり、相談初期からの経過をふまえ、初回の計画作成を行うこととなった。

▷ 情報の整理、ニーズの絞り込み・焦点化

●本人に関する情報

・むずかしいことは理解できないが、周囲が簡単に説明をすればわかる。サポートがあれば自分でやろうとする。新しいことや嫌なことでも拒否せず挑戦しようとする。

・自分で好きなゲームやマンガをお店に見に行ったりするなど、行動力がある。

・買い物は、母に言われて近くのスーパーに行っている。頼まれた物は買うことができている。

・誰とでも気さくに話（雑談）ができ、話すのが好き（社交的）。反面、想いはなかなか口にはしない。

・実家に戻った後、家事も時間はかかるが自分でやろうとしていた。今は母が怒る（遅い・汚す等のため）ので、自分からしようとはしない。以前母が1週間程度入院した際には、食事はスーパーで総菜を買って食べていた。洗濯は適切な洗剤の量などがわからず洗い直しが必要。衣類は乱雑にタンスへ入れてあるだけだが、本人は片づけられていると思っている。

・過去に1人暮らしをした経験があるので、またしてみたいという気持ちはあるが、過去に失敗しているので自信をもてずにいる。

●母に関する情報

・体調不良が続き、病院で検査をした結果、胃がんが見つかり、転移の可能性もある。詳しい検査をしてからにはなるが、今後入院治療が必要となる。

・今までのように家のことすべてをするのはむずかしく、家事全般が滞っている様子が見られる。

・本人との生活は嫌ではなく、一緒に暮らせるうちは一緒に生活したいと思っている。ただ、本人が1人で生活するのは無理だと思い込んでいるため、「自分が動ける間に施設に入所してくれたら……」という気持ちもある。

・貯蓄もあり、経済的な心配はないが、本人が少しでも仕事をしてくれたらと思っている。

●利用施設からの情報

・家でゲームをしていると母に注意されるため、地域活動支援センターに行って好きなマンガを読んだり、ゲームをしたりして過ごしている。同じマンガが好きな利用者と雑談やゲームを楽しむなど、仲良く過ごしている様子が見られる。

・仲良くなった1人暮らしの利用者の家に時々遊びにいっている様子。同じ趣味のマンガがたくさんあることや、自由な暮らしぶりについて、うらやましいと周囲に話していた。

・倒れて以降も大きな変化はないが、少し疲れやすく感じる。左手はちょっと動かしにくそう。

●その他の情報

・近所で生活している弟は、本人の手術の際には病院まで来てくれるなど、最低限のかかわりはもってくれている。母亡き後に本人の支援をすることはむずかしいとは思っているが、常に心配している。

サービス等利用計画

利用者氏名（児童氏名）	阿波　渦太郎　様		障害支援区分	
障害福祉サービス受給者証番号			利用者負担上限額	
地域相談支援受給者証番号			通所受給者証番号	

計画作成日	令和4年4月1日	モニタリング期間 （開始年月）

利用者及びその家族の生活に対する意向（希望する生活）	仕事をしないといけないのでB型事業所に通う。 私もがんばって生活してきたが、体調があまりよくないのでこの
総合的な援助の方針	就労事業所へ通所し仕事ができるようにします。今はお母さんが
長期目標	本人に合う入所施設を見学して入所を目指す。
短期目標	就労事業所へ休まず通い、工賃をもらいながら生活を送る。

優先順位	解決すべき課題 （本人のニーズ）	支援目標	達成時期
1	仕事をしないといけないのでB型事業所に通う。	決められた日に通所して、仕事ができるようになる。	令和5年3月
2	施設に入ってくれたら安心できる。	入所できる施設を見つける。	令和5年3月

区分2	相談支援事業者名	相談支援センターT
	計画作成担当者	○○　　○○

6か月ごと (令和4年4月)	利用者同意署名欄	阿波 渦太郎

先が心配。施設に入ってくれたら安心できる。

 見直しポイント ① p.120 参照

いますが、何かあれば生活が送れなくなります。そのときに備えて、入所できる施設を探していきます。

見直しポイント ② p.120 参照

福祉サービス等		課題解決のための 本人の役割	評価 時期	その他 留意事項
種類・内容・量 (頻度・時間)	提供事業者名 (担当者名・電話)			
就労継続支援B型事業 農作物の出荷作業(週3回)	就労継続支援B型事業所○○ 担当者：▽▽▽▽▽ 連絡先：▽▽-▽▽	通所して仕事を覚えて、働けるようになりましょう。	令和4年 9月	
相談支援センターT 入所施設などの情報提供や見学の同行支援(随時)	相談支援事業所T 担当者：▽▽▽▽▽ 連絡先：▽▽-▽▽	入所施設が見つかれば入所しましょう。	令和4年 9月	

プランの修正

👆 見直しポイント❶ 「本人が望んでいる生活」についての確認ができていない

見直し 前

利用者及びその家族の生活に対する意向（希望する生活）
仕事をしないといけないのでB型事業所に通う。 私もがんばって生活してきたが、体調があまりよくないのでこの先が心配。施設に入ってくれたら安心できる。

解説	情報収集の際に本人のこのような発言はなく、支援者が現状を勝手に解釈し、家族の要望を中心に記述してしまっています。そのため、できていないことがあるから福祉サービスを利用させるという文面になってしまっています。本人の気持ちや母親の気持ちをていねいに聞き取り、語ってくれた言葉や表現を使いながらまとめていくことを心がけましょう。

👆 見直しポイント❷ 適切でない援助方針・目標をつくってしまっている

見直し 前

総合的な援助の方針
就労事業所へ通所し仕事ができるようにします。今はお母さんがいますが、何かあれば生活が送れなくなります。そのときに備えて、入所できる施設を探していきます。

長期目標
本人に合う入所施設を見学して入所を目指す。

短期目標
就労事業所へ休まず通い、工賃をもらいながら生活を送る。

解説	全体的に支援者が本人の気持ちを置き去りにして、不安をかかえる母の気持ちを優先してしまっています。そのため、本人のための計画とはいえず、役割も望んでいることではありません。これでは本人の不安が大きくなることにつながってしまう可能性が高く、支援が進みません。

見直し（後）

利用者及びその家族の生活に対する意向（希望する生活）
（本人）お母さんのことが心配なので、代わりにできることはしていきたい。昔は1人暮らしをしていたし、家のことはできるようになりたいけど、心配なので助けてほしい。 （母）体調があまりよくないのでこの先が心配。誰かいたら本人もできることはあると思うけど。

解説	「何かしたい」「自分の力を活かしたい」という本人の意思や、「心配はあるものの1人ではなく誰かとならできるかもしれない」という母親の気持ちが感じられるように示しています。 　このように、生活に不安がある親子の気持ちを「本人」「母」と分けて記載して明らかにすることで、それぞれがどうしたいと思っているのかが整理され、支援の方向が見えてきます。

見直し（後）

総合的な援助の方針
自宅では家事をする機会が少なかったので、今は自信がないかもしれませんが、1人暮らしの経験もあるので、自分で生活ができるように支援していきます。

長期目標
日常生活を自分の力で安定して送れるような生活スタイルを身につけましょう。

短期目標
生活に必要な技術などを学んで、自分でできることを徐々に増やしていきましょう。

解説	本人を中心とした内容になっています。母親が悩んでいることは念頭に置きながら、本人がこれまでの生活のなかでできていたことに着目して考えていく提案です。 　母親と本人の現状を整理し、「今できることにはどういうことがあるのか」と、選択をしていくその過程に寄り添いながら一緒に考え、本人の側に立った表現を考えましょう。

サービス等利用計画

利用者氏名（児童氏名）	阿波　渦太郎　様	障害支援区分	
障害福祉サービス受給者証番号		利用者負担上限額	
地域相談支援受給者証番号		通所受給者証番号	

計画作成日	令和4年4月1日	モニタリング期間 （開始年月）

利用者及びその家族の生活に対する意向（希望する生活）	（本人）お母さんのことが心配なので、代わりにできることはし 　　　　心配なので助けてほしい。 （母）体調があまりよくないのでこの先が心配。誰かいたら本人
総合的な援助の方針	自宅では家事をする機会が少なかったので、今は自信がないかも
	長期目標	日常生活を自分の力で安定して送れるような生活スタイルを身に
	短期目標	生活に必要な技術などを学んで、自分でできることを徐々に増や

優先順位	解決すべき課題 （本人のニーズ）	支援目標	達成時期
1	自分でもできることがあるのでちゃんとできるようになりたい。（本人） 本人もできることはあると思うけど……。（母）	自分でできることを増やしていく。	令和5年 3月
2	お母さんのことが心配なので、できることは手伝いたい。（本人）	家の中で手伝うことを決めて取り組む。	令和5年 3月
3	楽しく過ごしたり、友だちと話をしたりしたい。（本人）	気楽に過ごせる場所をつくる。	令和5年 3月
4	困りごとがあるときに相談できるところが欲しい。（本人・母）	困ったときに相談することで解決できるようになる。	令和5年 3月

区分2	相談支援事業者名	相談支援センターT
	計画作成担当者	○○　○○

| 3か月ごと
（令和4年4月） | 利用者同意署名欄 | 阿波 渦太郎 |

ていきたい。昔は1人暮らしをしていたし、家のことはできるようになりたいけど、

もできることはあると思うけど。

しれませんが、1人暮らしの経験もあるので、自分で生活ができるように支援していきます。

つけましょう。

していきましょう。

福祉サービス等		課題解決のための 本人の役割	評価 時期	その他 留意事項
種類・内容・量 （頻度・時間）	提供事業者名 （担当者名・電話）			
自立訓練（生活訓練：通所）事業 生活訓練プログラムの実施 （週3回） 10：00～15：00 ・洗濯・掃除を中心に支援を進める	生活訓練事業所○○ 担当者：▽▽▽▽▽ 連絡先：▽▽-▽▽	プログラムに参加して生活力を身につけ、自分でできることを増やしましょう。	令和4年4・5・6・9・12月、令和5年3月	左半身に軽度の麻痺が残っているので、本人の身体状況などを事前に確認したうえで提供する内容等を決める。
居宅介護／身体介護 （週3回：1回1時間） 16：00～17：00	□□□ホームヘルプサービスステーション 担当者：▽▽▽▽▽ 連絡先：▽▽-▽▽	・ヘルパーさんと一緒に調理をしましょう。 ・自分の食べたいものをつくってみましょう。	令和4年4・5・6・9・12月、令和5年3月	・買い物内容は母が本人へ伝える。 ・気に入った調理は写真や動画を撮影して残しておく。 ・レシピアプリの活用について情報提供する。
地域活動支援センター 余暇・創作活動（自由）	地域活動支援センター△ 連絡先：▽▽-▽▽	友だちと趣味の話をしたりして楽しく過ごしましょう。	令和4年4・5・6・9・12月、令和5年3月	
相談支援センターT 困ったとき・不安なとき（随時）	相談支援センターT 担当者：▽▽▽▽▽ 連絡先：▽▽-▽▽	何か困ったことがあれば連絡しましょう。	令和4年4・5・6・9・12月、令和5年3月	

今回のプラン作成における思考過程

見立て

◆家事を経験しながら成功体験を重ねれば、本人の自信につながるのではないか。

◆いつかまた1人暮らしをしたいと思っているのではないか。

◆本人の気持ちを引き出しながら今後の生活スタイル等を模索するには、障害当事者による支援（ピアサポート）も有効ではないか。

根　拠

◆本人は「お母さんのことが心配なので、できることはしていきたい」と語っており、自分なりに何とかしたいという意思を感じることができる。

◆ほかの利用者が1人暮らしをしていることについて、うらやましく思っていることを周囲に話している。

◆過去の1人暮らしの失敗は、誰もサポートをしてくれる人がおらず、本人まかせにしていた結果。サポートがあれば自分でやろうとするため、その支援があれば可能性が広がる。

手立て

◆本人が望む生活を実現するための支援として、

①　自立訓練（生活訓練）事業で生活技術の習得を目指すこと

②　家庭内での役割を担い、母には安心感を、本人には自信をもってもらえるようにすること

③　余暇など楽しみを充実させること

④　相談員（ピアサポーター）を活用すること

⑤　困ったときや不安なときに問題解決を図ること

が必要と考えられる。

取得が考えられる報酬例

● サービス提供時モニタリング加算

　継続サービス利用支援の実施時またはそれ以外の機会において、障害福祉サービス事業所等を訪問し、サービスの提供状況について詳細に把握したうえで、確認結果の記録を作成した場合に取得することができます。「サービスの提供状況」「サービス提供時の計画相談支援対象障害者等の状況」等の確認が必要です。

● ピアサポート体制加算

　利用者と同じ目線に立った相談・助言等を行うために必要な人員の配置等が行われている場合に取得することができます。

モニタリングで集めた情報

・決められた計画どおりに支援を受けている。
・がんばりたい気持ちはあるが、実際にやってみてむずかしいと感じることも出てきている。
・左片麻痺の影響で苦手なプログラムがあり、不安がある。
・簡単な調理もできるようになっているが、ヘルパーさんとの会話があまりない様子。
・左片麻痺の影響があるので調理方法などは確認が必要。
・予定が多くなり、忙しいと感じている。
・できていることが増えて、がんばっているのはよくわかるが、疲れている。
・余暇の時間が少なくなり、イライラしている。
・お母さんの体調がよくない状況が続いていることを気にしている。

モニタリング報告書（継続サービス利用支援）

利用者氏名（児童氏名）	阿波　渦太郎　様	障害支援区分	
障害福祉サービス受給者証番号		利用者負担上限額	
地域相談支援受給者証番号		通所受給者証番号	

計画作成日	令和4年4月1日	モニタリング実施日	

総合的な援助の方針
自宅では家事をしたりする機会が少なかったので、今は自信がないかもしれませんが、1人暮らしの経験もあるので、自分で生活ができるように支援していきます。

優先順位	支援目標	達成時期	サービス提供状況（事業者からの聞き取り）	本人の感想・満足度
1	自分でできることを増やしていく。	令和5年3月	とくに変わりなくプログラムも受けてくれています。	やらないといけないことはわかるけど、やりにくいときが多いから疲れる。練習して生活できるのかわからない。（本人）通所してくれて安心です。（母）
2	家の中で手伝うことを決めて取り組む。	令和5年3月	曜日も変わりなく利用してくれています。	……大丈夫。（本人）（ヘルパーさんのことをちょっと嫌だと思っているよう）食事の準備をしてくれて助かっています。（母）
3	気楽に過ごせる場所をつくる。	令和5年3月	元気に来ていますよ。	前みたいに過ごす時間がなくて話ができないことがある。（本人）最近少しイライラしていることが多い。（母）
4	困ったときに相談することで解決できるようになる。	令和5年3月	連絡などはとくになかったから大丈夫だったのだろうと思う。	お母さんの調子が最近すごく悪いときが多くて不安。いつでも相談できたらいいのに。（本人）

見直しポイント**②** p.130 参照

区分2	相談支援事業者名	相談支援センターT
	計画作成担当者	○○　○○

令和4年6月9日	利用者同意署名欄	阿波 渦太郎

全体の状況

生活訓練事業所には休まずに通所してプログラムを受けている。ヘルパーも予定どおりに利用ができている。地域活動支援センターは利用日が1日減ったが、ほかの利用者とも話して過ごしている。支援センターへの連絡もなかったので、困りごともないと思われる。

見直しポイント ❶ ▶p.128 参照

支援目標の達成度 （ニーズの充足度）	今後の課題・ 解決方法	計画変更の必要性			その他 留意事項
		サービス 種類の変更	サービス 量の変更	週間計画の 変更	
達成している。	このまま続けて通えば慣れて不安も解消されると思うので、励ましていく。	有・(無)	有・(無)	有・(無)	
達成している。	ヘルパーさんが指導をきちんとしてくれているので、このまま利用を続ける。	有・(無)	有・(無)	有・(無)	
達成している。	回数は少なくても今は生活の問題を解決することが大事なので、我慢してもらい様子を見る。	有・(無)	有・(無)	有・(無)	
達成している。	連絡があった場合には対応できるようにしておく。	有・(無)	有・(無)	有・(無)	

見直しポイント ❸ ▶p.132 参照

全体の状況

見直し **前**

全体の状況

生活訓練事業所には休まずに通所してプログラムを受けている。ヘルパーも予定どおりに利用ができている。地域活動支援センターは利用日が1日減ったが、ほかの利用者とも話して過ごしている。支援センターへの連絡もなかったので、困りごともないと思われる。

 ポイント解説

事実をもとに記述されているが、本人の様子などをふまえた記述がない。また、状況把握ができておらず、今後の支援を考えるための手がかりや方向性が示されていない。

解説

これからの生活がどうなるかという不安を本人がかかえているなかで、本人の経験を活用しながら今後の生活を支援していく、という総合的な援助の方針を立てたにもかかわらず、現在の状況にのみ視点が向いており、計画後の本人の過ごし方や様子がわからない振り返りとなってしまっています。
本人が今後の生活を主体的に送ることができるようにと考えて計画した各支援目標が、どのように進捗しているのかを見据えて記述することが求められます。

見直し（後）

全体の状況

各サービスの利用は計画どおり実施できている。左片麻痺があるため、掃除・洗濯・調理においてやりにくさがあり、取り組み方法の工夫について、事業所側からさまざまな意見をいただいた。
サービス利用の開始から1か月が経過したが、本人は現在の生活状況を忙しいと感じており、少々不満をもっている。目標を達成するためには、長期的な取り組みが必要になると思われる。
今取り組んでできていることや、意欲的に取り組んでがんばっていることを評価し、モチベーションを高められるような声かけ支援等を支援者間で共有して取り組むことが大切だと思われるため、話し合いの機会をもつ。

ポイント解説

サービス利用を開始してから時間が経過し、本人の現状や困っていること・感じていることなどを記述することで、現在の状況が明らかになり、支援を継続していくために必要な今後の方針が見出せた。

解説

計画に取り入れた支援の現状と本人の実感を記載することで、現状の課題が見えてきました。今回のように、本人の安心や家族の安全を考えてスタートしたつもりでも、いざ始まると、「思っていたのとは違う」ということはよくあります。本人が不安や不満を感じたまま支援を継続すると、生活全体に悪影響を及ぼすおそれがあるため、その点について、関係者が共通理解をもつために、視点や方向性を示すことはとても大切です。

また、実生活に対してアプローチするような支援の場合、今までの暮らし方等が変わっている可能性があります。暮らしがどのように変化し、それを本人はどう感じているのかを知るのは大事なことです。それらをより客観的に把握・評価し、今後の支援を進めていくためには、本人を交えた支援者間で話し合いの機会をもつことが大切です。

見直しポイント❷

サービス提供状況（事業者からの聞き取り）

見直し **前**

サービス提供状況（事業者からの聞き取り）
とくに変わりなくプログラムも受けてくれています。
曜日も変わりなく利用してくれています。
元気に来ていますよ。
連絡などはとくになかったから大丈夫だったのだろうと思う。

ポイント解説

詳しく聞き取りができていない。
事業所側が本人の言葉や状況で語らず、推測
や単純な現況で語ってしまい、実際にどのよ
うな支援が行われていたのかがわからない。

解説

　事業者による支援の現状を把握するため、ここでの聞き取りはとても大切です。どのように情報を整理するのかという工夫については、コミュニケーションの際に相手によく伝わるように情報を整理する目的で利用されている 5W1H などの視点を意識すると、理解が進みやすいと思います。このような手法を活用しながら、たとえば本人の様子や発言などを、本人の実際の言葉や支援中のエピソードなどを交えて記載することで、そのイメージがわいてくると思います。結果論に終始するような書き方ではなく、読み手に状況が理解できるよう、情報の整理を心がけましょう。

見直し (後)

サービス提供状況（事業者からの聞き取り）
がんばって参加していますが、洗濯物を干す・たたむ作業は苦手なようで、少し疲れている様子が見られます。（サビ管）
目玉焼きと肉野菜炒めは一緒につくりました。母はうれしそうに眺めています。包丁を使うのが苦手そうなので、キッチンバサミを使った方法での調理も考えてみようと思います。（担当ヘルパー）
がんばっているなと感じました。もっと利用したい、遊びに行きたいとボソッと言っていました。（管理者）
やはり母は体調不良が続き、不安な状況がある。緊急時等には本人が相談できる体制をつくる必要がある。（担当）

☝ ポイント解説

エピソードも入り、本人の様子や家族の様子がイメージできるくらい詳しく記載されている。新しい支援体制づくりのヒントが見えてくる。

解説

　実際の本人の様子や、支援状況、本人の心情が推察できる内容が、聞き取り結果として確認できています。具体的な利用状況などの「新しい情報」が聞かれることで、現在できていることやできていないこと、改善・工夫が必要なことや、さらに検討を深める必要があることなどが見えてきます。この後には、支援者間で共有し、支援内容についての改善や新たな支援方法等を検討していくことが大切になります。相談支援専門員1人で考えるのではなく、「チームで支援していく」ことを念頭に進めていきましょう。

見直しポイント❸

支援目標の達成度（ニーズの充足度）/
今後の課題・解決方法

見直し 前

支援目標の達成度 （ニーズの充足度）	今後の課題・解決方法
達成している。	このまま続けて通えば慣れて不安も解消されると思うので、励ましていく。
達成している。	ヘルパーさんが指導をきちんとしてくれているので、このまま利用を続ける。
達成している。	回数は少なくても今は生活の問題を解決することが大事なので、我慢してもらい様子を見る。
達成している。	連絡があった場合には対応できるようにしておく。

ポイント解説

支援目標がどのような現状にあるかが示されておらず、この書き方だけでは達成度を把握できない。そのため、課題や解決方法も視点がぼやけた見通しのないものになっている。

解説

　　各サービスの提供内容や頻度をサービス管理責任者や担当支援者、管理者等への聞き取りなどから確認し、関係者の評価を交えてまとめることが大切です。相談支援専門員が支援の見立てをもたずに焦点がぼやけた状態では、なんとなくしか聞き取りができず、計画して進めてきた支援にかかわる関係者の意見をふまえたまとめにつながりません。結果論のような書き方にならないよう、相談支援専門員の見立てと、かかわる関係者の意見をふまえた道筋があることが大切です。

見直し（後）

支援目標の達成度 （ニーズの充足度）	今後の課題・解決方法
本人なりにがんばっているが、麻痺があるためやりにくさが生じている。	生活環境の確認を行い、洗濯と掃除における課題の洗い出しをする。左片麻痺による不自由さを確認して、やりやすい方法・工夫を検討する。
2品程度はつくれるようになっている。本人は、ヘルパーさんとの相性が気になっている感じである。	包丁が使いにくいのでキッチンバサミを活用し、安全に調理をしながら、もう少し品数を増やしていけるようにする。お互いの相性、かかわり方・声かけの仕方などを再共有してみる。
本人としてはもう少し行きたいと思っている様子。	通所利用だけではなく、今後は週末や休みなどに活動や交流する機会をもてるような提案を検討してみる。
母の体調には波があり、本人のなかには現状・将来に不安が募っている。	夜間、時間外などに相談ができることが必要と思われるため、地域定着支援の検討をする。また、1人暮らしをしているピアサポーターとの面談の機会を提案する。

ポイント解説

支援目標の達成度を本人の現状をふまえた記載とすることで、課題やその解決方法が見えてくる。これにより、支援全体の見立てや今後の見通しが、より具体的になる。

解説　状況が整理されて、新しい課題や必要な支援が見えてきました。「今の支援はこのままでよいのか？」「改善すべき点があるのか？」を本人や支援者に確認できるからこそ課題が見え、その解決の手立てや方法が浮かび、支援提案できます。本人や関係する支援者の言葉は大切です。そこをふまえ、相談支援専門員が俯瞰的に支援の全体像を見ることで、より見通しがある支援の実践につながります。

モニタリング報告書（継続サービス利用支援）

利用者氏名（児童氏名）	阿波　渦太郎　様		障害程度区分	
障害福祉サービス受給者証番号			利用者負担上限額	
地域相談支援受給者証番号			通所受給者証番号	

計画作成日	令和4年4月1日	モニタリング実施日	

総合的な援助の方針
自宅では家事をしたりする機会が少なかったので、今は自信がないかもしれませんが、1人暮らしの経験もあるので、自分で生活ができるように支援していきます。

優先順位	支援目標	達成時期	サービス提供状況（事業者からの聞き取り）	本人の感想・満足度
1	自分でできることを増やしていく。	令和5年3月	がんばって参加していますが、洗濯物を干す・たたむ作業は苦手なようで、少し疲れている様子が見られます。（サビ管）	やらないといけないことはわかるけど、やりにくいときが多いから疲れる。練習して生活できるのかわからない。（本人） 通所してくれて安心です。（母）
2	家の中で手伝うことを決めて取り組む。	令和5年3月	目玉焼きと肉野菜炒めは一緒につくりました。母はうれしそうに眺めています。包丁を使うのが苦手そうなので、キッチンバサミを使った方法での調理も考えてみようと思います。（担当ヘルパー）	……大丈夫。（本人） （ヘルパーさんのことをちょっと嫌だと思っているよう） 食事の準備をしてくれて助かっています。（母）
3	気楽に過ごせる場所をつくる。	令和5年3月	がんばっているなと感じました。もっと利用したい、遊びに行きたいとボソッと言っていました。（管理者）	前みたいに過ごす時間がなくて話ができないことがある。（本人） 最近少しイライラしていることが多い。（母）
4	困ったときに相談することで解決できるようになる。	令和5年3月	やはり母は体調不良が続き、不安な状況がある。緊急時等には本人が相談できる体制をつくる必要がある。（担当）	お母さんの調子が最近すごく悪いときが多くて不安。 いつでも相談できたらいいのに。（本人）

区分2	相談支援事業者名	相談支援センターT
	計画作成担当者	○○　○○

令和4年6月9日	利用者同意署名欄	阿波　渦太郎

全体の状況

各サービスの利用は計画どおり実施できている。左片麻痺があるため、掃除・洗濯・調理においてやりにくさがあり、取り組み方法の工夫について、事業所側からさまざまな意見をいただいた。

サービス利用の開始から1か月が経過したが、本人は現在の生活状況を忙しいと感じており、少々不満をもっている。目標を達成するためには、長期的な取り組みが必要になると思われる。

今取り組んでできていることや、意欲的に取り組んでがんばっていることを評価し、モチベーションを高められるような声かけ支援等を支援者間で共有して取り組むことが大切だと思われるため、話し合いの機会をもつ。

支援目標の達成度 （ニーズの充足度）	今後の課題・ 解決方法	計画変更の必要性			その他 留意事項
		サービス 種類の変更	サービス 量の変更	週間計画の 変更	
本人なりにがんばっているが、麻痺があるためやりにくさが生じている。	生活環境の確認を行い、洗濯と掃除における課題の洗い出しをする。左片麻痺による不自由さを確認して、やりやすい方法・工夫を検討する。	有・㊿	有・㊿	有・無	本人のできることを評価しつつ、モチベーションアップを目指す。
2品程度はつくれるようになっている。本人は、ヘルパーさんとの相性が気になっている感じである。	包丁が使いにくいのでキッチンバサミを活用し、安全に調理をしながら、もう少し品数を増やしていけるようにする。お互いの相性、かかわり方・声かけの仕方などを再共有してみる。	有・㊿	有・㊿	有・㊿	ヘルパーさんに本人への支援方法について検討してもらう。
本人としてはもう少し行きたいと思っている様子。	通所利用だけではなく、今後は週末や休みなどに活動や交流する機会をもてるような提案を検討してみる。	有・㊿	有・㊿	有・㊿	本人が参加しやすいようなイベント情報の収集をお願いする。
母の体調には波があり、本人のなかには現状・将来に不安が募っている。	夜間、時間外などに相談ができることが必要と思われるため、地域定着支援の検討をする。また、1人暮らしをしているピアサポーターとの面談の機会を提案する。	㊲・無	㊲・無	㊲・無	当事業所にはピアサポーターが1名在籍しているので活用する。

サービス等利用計画

利用者氏名（児童氏名）	阿波　渦太郎　様		障害支援区分	
障害福祉サービス受給者証番号			利用者負担上限額	
地域相談支援受給者証番号			通所受給者証番号	

計画作成日	令和４年７月１日	モニタリング期間 （開始年月）

利用者及びその家族の生活に対する意向（希望する生活）	（本人）新しいことを覚えるのは大変。料理をつくったりするのは楽しいからも でも、何かあったときはどうしたらいいかまだ不安がある。 （母）いろいろなことができるようになってうれしい。食事の準備をすること
総合的な援助の方針		通所を続けながら少しずつできることが増えて、お母さんも喜んでいます。今 アドバイスをもらったりする機会をつくり、自分に合った生活が送れるように
	長期目標	将来の自立に向けて、日常生活に必要な家事を自分の力でできるスタイルを身 ピアサポーターに相談することで１人暮らしのイメージをつけ、自信をもちま
	短期目標	覚えてきた洗濯や掃除の仕方は、自分の身体に合った方法でできるようにいろ ピアサポーターに会って、生活の知恵や工夫を聞いてみましょう。

優先順位	解決すべき課題 （本人のニーズ）	支援目標	達成時期
1	通って新しいことを覚えるのは大変。（本人） 通所をがんばって続けてほしい。（母）	左片麻痺でもできる洗濯方法や掃除の仕方を一緒に考えていきます。 生活のなかでほかにやりにくいことがないかを一緒に考えていきます。	令和５年 ３月
2	料理をつくったりするのは楽しいから、もっとつくれるようになりたい。（本人）	料理のレパートリーを増やせるよう支援します。 本人がやりやすい調理方法を一緒に考えます。	令和５年 ３月
3	友達に会ったり遊びに行ったりする時間が少ないので、もっと遊びたい。（本人） 食事の準備など続けてほしい。（母）	気楽に過ごせる場所として利用できるように支援します。	令和５年 ３月
4	何かあったときはどうしたらいいかまだ不安がある。（本人）	困ったことや不安なことがあったらいつでも連絡できる体制をつくり、安心して生活できるように支援します。	令和５年 ３月
		ピアサポーターの生活の知恵や工夫を聞き、不安感が減り、自分探しの旅に出られるように支援をします。	

区分2	相談支援事業者名	相談支援センターＴ
	計画作成担当者	○○　○○

3か月ごと （令和4年7月）	利用者同意署名欄	阿波　渦太郎

っとつくれるようになりたい。友達に会ったり遊びに行ったりする時間が少ないので、もっと遊びたいと思っている。

や、通所をがんばって続けてほしい。

後も自分の身体の状態に合った家事の方法を身につけることを目標にしながら、友だちと楽しんだりピアサポーターから支援していきます。

につけましょう。
しょう。

いろ試しながら見つけましょう。

福祉サービス等		課題解決のための 本人の役割	評価 時期	その他 留意事項
種類・内容・量 （頻度・時間）	提供事業者名 （担当者名・電話）			
自立訓練（生活訓練：通所）事業 生活訓練プログラムの実施 （週3回） 10：00～13：00 ・洗濯、掃除を中心に支援を進める	生活訓練事業所○○ 担当者：▽▽▽▽▽ 連絡先：▽▽ - ▽▽	・やりにくい方法が何かあれば、スタッフに伝えましょう。 ・自分がやりやすい方法が見つかれば、スタッフに教えましょう。	令和4年 9・12月、 令和5年 3月	本人のできることを評価して、取り組みが継続するようにモチベーションアップを図る。 ヘルパー事業所と指導方法について共有しておく。
居宅介護／身体介護 （週3回：1回1時間） 16：00～17：00	□□□ヘルプサービスステーション 担当者：▽▽▽▽▽ 連絡先：▽▽ - ▽▽	・ヘルパーさんと一緒に、楽しく調理をしましょう。 ・自分の食べたいものをつくってみましょう。	令和4年 9・12月、 令和5年 3月	買い物内容は母が本人へ伝える。 包丁は苦手なのでキッチンバサミが使いやすい。 訓練事業所と指導方法について共有しておく。
地域活動支援センター 余暇・創作活動（自由）	地域活動支援センター△ 連絡先：▽▽ - ▽▽	友だちと趣味の話をしたりして楽しく過ごしましょう。	令和4年 9・12月、 令和5年 3月	好きなマンガやゲームの情報提供をし、共有。楽しみの共有を通して、生活のがんばりを応援していく。
地域定着支援事業（随時） 常時の連絡体制の確保 緊急時支援	相談支援センターＴ 担当者：▽▽▽▽▽ 連絡先：▽▽ - ▽▽	何か困ったことや不安なことがあれば担当の▽▽▽に連絡しましょう。	令和4年 9・12月、 令和5年 3月	誰とでも気さくに話ができる（社交的）。話をするのが好き。
ピアサポーターとの面談（随時） 本人の思いの代弁、見守り 1人暮らし等生活についての相談や助言など	相談支援センターＴ ピアサポーター：▽▽ ▽▽▽ 連絡先：▽▽ - ▽▽	ピアサポーターの経験（生活の知恵）を聞いてみましょう。		

「年もとってきたし不安だな……」

氏名・性別・年齢

　氏名　岐阜 太郎（男性）

　年齢　64 歳

障害等

　精神障害

家族構成

　・1 人暮らし

　・隣県に結婚している妹が 2 人いる

生活歴

　東京の大学へ進学したが、不安感が強くなり、人と会うのが怖くなって、アパートにひきこもり、通学が不可能になった。両親が地元へ連れ戻し、精神科を受診。躁うつ病（現・双極性障害）と診断され、入院治療を受ける。その後、入退院を繰り返しながら、実家での生活を続ける。

　調子が悪くなると、車などの高額な商品を計画なく買うため、親からたくさんのお小遣いを不定期にもらっていた。お金が足りなくなると借金を繰り返し、さらに足りなくなると近所の親戚からも借金を重ね、自己破産も二度経験している。

　10 年前に父を亡くし、5 年前に母を亡くしたので、現在は独居。両親からの遺産は実家の建物と土地だけで、収入（月収）は障害年金 6 万円と就労継続支援 B 型からの工賃 1 万円で合計 7 万円。

相談支援専門員との関係性

　・4 年前に就労継続支援 B 型の利用を再開したときからの長期にわたる支援関係。

　・8 回目の計画作成。

▶ 情報の整理、ニーズの絞り込み・焦点化

● 本人ができること

・年をとるごとに精神症状はおさまり、今は金銭管理も自分でできている。

・食生活に偏りがあり、家はごみ屋敷化してきているが、1人で何とか生活している。

● 家族に関する情報

・妹2人は結婚して別々に世帯をもち、実家から離れて隣県で暮らしているが、借金を重ねて親に苦労をかけた本人との関係は悪く、今後の支援や協力は得られそうにない。

● 利用施設に関する情報

・就労継続支援B型は、旧法（障害者自立支援法）以前から通所している、通いなれた馴染みの事業所。調子をくずしたときに別施設へ移ったり、入院したりなど、利用を中断した時期もあったが、現在は平日にはほぼ毎日通えている。

・作業内容は、高速道路のサービスエリア等で販売されるお土産商品の箱を折り、箱のなかに商品を詰め、段ボールに入れる作業。

● その他の情報

・母が亡くなった5年前の問題は孤立化であったが、中断していた日中活動（B型事業所）に通えるようになり、社会参加ができているほか、浪費や経済的破綻につながる行動も年齢を重ねるごとに徐々におさまってきた。

・母を亡くしてからは、家が徐々にごみ屋敷化しており、足の踏み場がなくなってきている。ヘルパーが週に1回訪問して調理をするキッチンのみ人が通れる状態で、寝室は大量の物の上に布団が乗っている状態。

・今の食生活はスーパーの総菜が中心で、炊飯器でご飯を炊くことは自分でできる。本人は、「1人だし面倒なので、ついついカップラーメンで食事をすませてしまうことが多い」と言っている。また、「週に1回来てくれるヘルパーさんは、数食分つくって置いていってくれるけれど、美味しいのでついつい一気に食べてしまう」とのこと。その後は仕方ないので閉店間際のスーパーで割引の総菜を買って食べているが、「あまり美味しくない」と本人はよく愚痴を言う。

・利用しているB型事業所での作業を最近失敗することがあり、ほかの利用者にからかわれることを少し気にしている。

サービス等利用計画

利用者氏名（児童氏名）	岐阜　太郎　様	障害支援区分	
障害福祉サービス受給者証番号		利用者負担上限額	
地域相談支援受給者証番号		通所受給者証番号	

計画作成日	令和 4 年 10 月 26 日	モニタリング期間（開始年月）	

利用者及びその家族の生活に対する意向（希望する生活）	できるだけ長く今の B 型に続けて通いたい。 👆 見直しポイント ❶ p.142 参照
総合的な援助の方針	食生活や毎日の生活リズムに気をつけ、健康を維持しながら B 型
長期目標	生活リズムを整え、できるだけ健康を維持して、B 型事業所に通
短期目標	食生活を少しだけ見直す。

優先順位	解決すべき課題 （本人のニーズ）	支援目標	達成時期
1	B 型に通い続けたい。	毎日少しの時間でも通所できるように支援する。	6 か月
2	美味しいものをたまには食べたい。	偏った食生活を少し改善し、カップラーメン以外の美味しく健康によいものを一緒に探していく。	6 か月
3	病状が安定する。	病状が安定するように、定期通院と服薬ができるよう支援する。	6 か月

区分2	相談支援事業者名	A 相談支援事業所
	計画作成担当者	○○　○○

6か月（令和5年4月）	利用者同意署名欄	岐阜　太郎

事業所に通えるように支援する。

い続ける。

見直しポイント❷ p.142 参照

福祉サービス等		課題解決のための 本人の役割	評価 時期	その他 留意事項
種類・内容・量 （頻度・時間）	提供事業者名 （担当者名・電話）			
就労継続支援B型 当該月の日数　8日	B 事業所（BB さん） ○○-○○○○	決まった時間に起床・就寝する。 食前・食後の薬を忘れないように服用する。 遅刻、お休みするときは連絡をする。	6か月	
居宅介護　1回／週	C 事業所（CC さん） ○○-○○○○	大好きなカップラーメンを少し減らし、ほかの美味しいものを食べてみる。	6か月	
相談支援事業所	A 相談支援事業所（○○） ○○-○○○○	忘れずに薬を飲む。 予約を入れた日に必ず受診する。	6か月	

プランの修正

見直しポイント① 周囲の支援者から情報を得ることができていない

見直し **前**

利用者及びその家族の生活に対する意向（希望する生活）
できるだけ長く今のB型に続けて通いたい。

解説	精神障害は、年齢を重ねるにつれて病状が安定傾向になり、通所も安定してくるため、このままずっと同じ施設へ通いたいといった現状維持を本人も支援者も望みやすいものです。 　しかし、年齢を重ねることによる新たな課題、たとえば認知症の初期症状が出現していることなどは見逃しやすいので、変化に気づくことが重要です。

見直しポイント② 加齢にともなう身体的な不調に気づけていない

見直し **前**

総合的な援助の方針
食生活や毎日の生活リズムに気をつけ、健康を維持しながらB型事業所に通えるように支援する。
長期目標
生活リズムを整え、できるだけ健康を維持して、B型事業所に通い続ける。
短期目標
食生活を少しだけ見直す。

解説	本人の状態変化は、障害によるものだけでなく、年齢によるものもあります。とくに、加齢にともなう身体機能や認知機能の低下が見られる高齢期には、注意が必要です。健康問題が出やすく、ふだんの日常生活のなかで少しずつできないことが出てくるものです。 　64歳という年齢的にも、介護保険への移行について考えておく必要があります。

見直し **後**

利用者及びその家族の生活に対する意向（希望する生活）
通いなれた作業所は続けたい。 でも最近、たまに作業を失敗することがあり、ほかの利用者さんにからかわれることが増えて、ちょっと嫌だな。施設の職員さんとも長いつきあいなので「気にしないで」と言ってくれるけれど、少し不安。

解説　精神症状が悪化するときや、認知症の初期症状が始まるときは、本人は気づきにくいものです。本来、周りの人が気づくのですが、身寄りのない独居の方は家族がいないので、社会でかかわるほかの人が気づく必要があります。独居の方の場合は、本人だけでなく、かかわる周囲の支援者からも、本人に少しでも変化が見られていないか情報を得ることが重要です。

見直し **後**

総合的な援助の方針
1人暮らしで困ったときに気軽に相談できるように、いろいろな人とつながることで充実した生活が送れるように支援していく。
長期目標
生活リズムを整え、できるだけ健康を維持して、B型事業所に通い続ける。
短期目標
地域包括支援センターの保健師と介護保険サービスへの移行準備について考える。

解説　介護保険についての情報提供をするにあたっては、障害支援分野でかかえ込まず、高齢支援分野についてより専門性の高い地域包括支援センターや介護保険のケアマネジャーに本人が相談できるようにすることが、より適切な支援となります。
　一挙にサービス利用までつなげようとして支援者があせると、本人も不安になりやすいので、まずは情報提供から行い、本人に寄り添いながらていねいに意思決定支援を行うことが重要です。居宅介護支援事業所等連携加算も見据えて連携しましょう。

サービス等利用計画

利用者氏名（児童氏名）	岐阜　太郎　様	障害支援区分	
障害福祉サービス受給者証番号		利用者負担上限額	
地域相談支援受給者証番号		通所受給者証番号	

計画作成日	令和 4 年 10 月 26 日	モニタリング期間 （開始年月）

利用者及びその家族の生活に対する意向（希望する生活）	通いなれた作業所は続けたい。 でも最近、たまに作業を失敗することがあり、ほかの利用者さん施設の職員さんとも長いつきあいなので「気にしないで」と言っ
総合的な援助の方針	1 人暮らしで困ったときに気軽に相談できるように、いろいろな
長期目標	生活リズムを整え、できるだけ健康を維持して、B 型事業所に通
短期目標	地域包括支援センターの保健師と介護保険サービスへの移行準備

優先順位	解決すべき課題 （本人のニーズ）	支援目標	達成時期
1	B 型に通い続けたい。	毎日少しの時間でも通所できるように支援する。	6 か月
2	美味しいものをたまには食べたい。	偏った食生活を少し改善し、カップラーメン以外の美味しくて健康によいものを一緒に探していく。	6 か月
3	病状が安定する。	病状が安定するように、定期通院と服薬ができるよう支援する。	6 か月

区分2	相談支援事業者名	A 相談支援事業所
	計画作成担当者	○○　○○

6か月（令和5年4月）	利用者同意署名欄	岐阜　太郎

にからかわれることが増えて、ちょっと嫌だな。
てくれるけれど、少し不安。

人とつながることで充実した生活が送れるように支援していく。

い続ける。

について考える。

福祉サービス等		課題解決のための 本人の役割	評価 時期	その他 留意事項
種類・内容・量 （頻度・時間）	提供事業者名 （担当者名・電話）			
就労継続支援B型 当該月の日数　8日	B 事業所（BB さん） ○○-○○○○	決まった時間に起床・就寝する。 食前・食後の薬を忘れないように服用する。 遅刻、お休みするときは連絡をする。	6か月	
居宅介護　1回／週	C 事業所（CC さん） ○○-○○○○	大好きなカップラーメンを少し減らし、ほかの美味しいものを食べてみる。	6か月	
相談支援事業所 **地域包括支援センター**	A 相談支援事業所（○○） ○○-○○○○ **D 包括支援センター（DD保健師）** ○○-○○○○	忘れずに薬を飲む。 予約を入れた日に必ず受診する。	6か月	

今回のプラン作成における思考過程

見立て
◆本人の意思のみ確認し、希望どおり現状維持でB型事業所へ通所継続としたいが、高齢期における何らかの変化があるのではないか。

▼

根　拠
◆独居の高齢者で自宅がごみ屋敷化していることから、以前より生活能力が低下していると考えられる。

▼

手立て
◆本人の希望どおりにB型事業所に通うためにも、高齢期の不安感を解消できる専門性の高い相談が必要。介護保険の導入を図る入り口の支援にもなるため、今後の展開としては、以下のことが考えられる。

① 高齢期の専門的相談として地域包括支援センターにつなぐ。

② 介護保険の申請を行い、担当のケアマネジャーにつなぐ。

③ 障害分野の日中活動だけではなく、高齢分野の日中活動としてデイサービスなども検討する。障害分野の日中支援も、就労支援より負荷の低い地域活動支援センター事業や精神科デイケアを検討する。

④ 通所重視の支援から、支援の枠組みを変更し、訪問型の支援としてヘルパーの利用日数を増やすか、入所型の支援の一歩手前のショートステイを試してみる。

取得が考えられる報酬例

●居宅介護支援事業所等連携加算

　介護保険の居宅介護支援の利用や就職等に伴い指定居宅介護支援事業所、企業または障害者就業・生活支援センター等との引き継ぎに一定期間を要する利用者に対し、一定の支援を行った場合に取得することができます（障害福祉サービス等の利用期間内において、2回を限度。利用終了後6か月以内においてはそれぞれ月1回を限度）。

●精神障害者支援体制加算

　地域生活支援事業による精神障害者支援の障害特性と支援技法を学ぶ研修等を修了し、専門的な知識および支援技術をもつ常勤の相談支援専門員を1名以上配置したうえで、その旨を公表している場合に取得することができます。

モニタリングで集めた情報

・事業所における本人の変化について
　→作業中に失敗することが増え、不安になっている。失敗の原因は、作業のやり方を忘れているためであるとのこと。
・自宅の状況について
　→ごみ屋敷化している状況にはあまり変化が見られない。一方で、食生活においては、うどんをヘルパーと一緒につくって食べるなど、少し変化が見られた。
・精神症状が安定しているか、通院はできているか、服薬はできているかについて
　→定期通院ができており、症状も安定している。服薬は時々忘れることがあるものの、基本的には問題ないとのこと。
・通院先の先生との信頼関係が維持されているかについて
　→とくに問題はない。
・医療機関からの情報
　→高血圧・糖尿病などの慢性期の疾患も含め、けがや病気はない。身体的な変化はほとんどなく、日常生活も自立している。

モニタリング報告書（継続サービス利用支援）

利用者氏名（児童氏名）	岐阜　太郎　様	障害程度区分	
障害福祉サービス受給者証番号		利用者負担上限額	
地域相談支援受給者証番号		通所受給者証番号	
計画作成日	令和4年10月26日	モニタリング実施日	

総合的な援助の方針
1人暮らしで困ったときに気軽に相談できるように、いろいろな人とつながることで充実した生活が送れるように支援していく。

優先順位	支援目標	達成時期	サービス提供状況（事業者からの聞き取り）	本人の感想・満足度
1	毎日少しの時間でも通所できるように支援する。	6か月	変わりなく通所が継続できている。	今の事業所に通い続けたい。
2	偏った食生活を少し改善し、カップラーメン以外の美味しくて健康によいものを一緒に探していく。	6か月	（ヘルパー）うどんを一緒につくることができるようになってきた。	うどんに野菜を入れると美味しい。
3	病状が安定するように、定期通院と服薬ができるよう支援する。	6か月	精神科への定期通院ができていることを確認できた。	先生とは長くお話ができないので、いつもどおりの薬をちゃんと飲んでいる。

区分 2	相談支援事業者名	A 相談支援事業所
	計画作成担当者	○○　○○

令和 5 年 4 月 22 日	利用者同意署名欄	岐阜　太郎

全体の状況
B 型事業所には通うことができている。とくに変わりはない。

見直しポイント ❶ p.150 参照

支援目標の達成度 （ニーズの充足度）	今後の 課題・解決方法	計画変更の必要性			その他 留意事項
		サービス 種類の変更	サービス 量の変更	週間計画の 変更	
B 型事業所に通うことで孤立の解消につながり、社会とつながることができている。	継続して通う。	有・無	有・無	有・無	
食事のメニューが少し変化した。	継続して支援を行う。	有・無	有・無	有・無	
予約日は間違えずに通院できた。	継続して支援を行う。	有・無	有・無	有・無	

見直しポイント ❷ p.152 参照

見直しポイント❶

全体の状況

見直し 前

全体の状況
Ｂ型事業所には通うことができている。とくに変わりはない。

ポイント解説

障害は変化しないものと支援者が勝手に判断して、変化などの情報を把握するつもりがない。とくにＢ型事業所などの継続利用が可能なサービスにおいては、漫然と「変わりなし」としがちなので注意したい。

解説　　Ｂ型事業所での失敗が増えてきたことで、本人が自信をなくしていたことに注目することが重要です。ただし、本人が失敗について話してくれないことも多いので、身近な支援者である事業所に聞き取りをして、変化についての情報を見逃さないようにすることが欠かせません。

見直し 後

全体の状況
B型事業所には通うことができている。 ただ、B型事業所で作業中の失敗が増え、本人は不安をかかえている。今後は障害福祉サービスの利用だけではなく、介護保険サービスの利用を見据え、本人が地域包括支援センターの保健師と信頼関係を築き、高齢者の日中活動の場への通所の検討も必要な時期がきている。

 ポイント解説

本人の変化に気づいた事業所から情報を拾うことができている。孤立化しやすい独居の障害者や高齢者については、社会が家族の代わりに変化を見逃さないように意識することが重要。

解説

　障害福祉でのかかえ込みから脱却し、高齢福祉との連携を始めることが明記され、今後の方向性が明確になりました。さらに、具体的にどの機関のどの担当者が連携先となって次の支援者になるのかを明記できると、本人の安心感につながります。その後の専門性の高い介護保険サービスの具体的な展開については、高齢福祉の担当者から情報提供してもらうなど、より専門性の高い担当者から教えてもらうことも重要です。

本人の感想・満足度 / 支援目標の達成度（ニーズの充足度）/ 今後の課題・解決方法

見直し **前**

本人の感想・満足度	支援目標の達成度 （ニーズの充足度）	今後の課題・解決方法
先生とは長くお話ができないので、いつもどおりの薬をちゃんと飲んでいる。	予約日は間違えずに通院できた。	継続して支援を行う。

ポイント解説

精神障害者支援の分野では、通院・服薬は重要だが、通院できているので服薬もできていると思い込んでしまっている。

解説

　　通院ができていても、服薬はできていない可能性があります。また、服薬できない理由は、①障害受容ができておらず病気だと思っていない場合、②病状が安定したことによって自己判断で勝手に薬を減らす場合、③認知症の症状による場合など、複数の可能性が考えられます。高齢期に生じる小さな変化に気づくことが重要です。

見直し（後）

本人の感想・満足度	支援目標の達成度 （ニーズの充足感）	今後の課題・解決方法
先生とは長くお話ができないので、いつもどおりの薬をちゃんと飲んでいる。 実は時々飲み忘れることもある。	予約日は間違えずに通院できた。 しかし、服薬は時々できなくなっている。	継続して支援を行う。 認知症の検査を主治医に検討してもらう。

ポイント解説

この後必ず行うことになる介護保険の申請にあたり、認知症についての意見書を書く準備にもなっている。すぐに主治医が意見書を書けるのは、もともと精神科を受診しているからで、ここであらためて継続受診の重要性も確認できる。

解説

　今後の日中活動の場は、B型事業所にこだわらずに検討が必要です。高齢者が通う専門サービス、つまり介護保険サービスのデイサービス等のほうが、同年代の人が集まるため居心地がよく、本人にとって安心できる場合があります。そのため、高齢者向けの介護保険のデイサービスやショートステイの利用を検討することが重要です。つい思い入れが深くなり、かかわり続けたいという私たち障害者支援者側の気持ちには注意が必要です。

　また、支援者の思い込みで精神症状だと決めつけてしまうことなく、年齢を重ねたことによる認知症の可能性も考え、精神科受診などの検査をすすめることも必要です。

　独居の高齢者が自分で気づけない変化を、家族の代わりの社会として支援者が気づかなければなりません。孤立防止の中核は、この早期発見・早期介入にあるともいえます。

モニタリング報告書（継続サービス利用支援）

利用者氏名（児童氏名）	岐阜　太郎　様	障害程度区分	
障害福祉サービス受給者証番号		利用者負担上限額	
地域相談支援受給者証番号		通所受給者証番号	
計画作成日	令和4年10月26日	モニタリング実施日	

総合的な援助の方針
1人暮らしで困ったときに気軽に相談できるように、いろいろな人とつながることで充実した生活が送れるように支援していく。

優先順位	支援目標	達成時期	サービス提供状況（事業者からの聞き取り）	本人の感想・満足度
1	毎日少しの時間でも通所できるように支援する。	6か月	変わりなく通所が継続できている。**今までできていた作業のやり方を忘れて失敗が増えた。**	今の事業所に通い続けたい。**時々作業がうまくできず失敗するので不安。**
2	偏った食生活を少し改善し、カップラーメン以外の美味しくて健康によいものを一緒に探していく。	6か月	（ヘルパー）うどんを一緒につくることができるようになってきた。	うどんに野菜を入れると美味しい。
3	病状が安定するように、定期通院と服薬ができるよう支援する。	6か月	精神科への定期通院ができていることを確認できた。	先生とは長くお話ができないので、いつもどおりの薬をちゃんと飲んでいる。**実は時々飲み忘れることもある。**

区分 2		相談支援事業者名	A 相談支援事業所
		計画作成担当者	○○　○○
令和 5 年 4 月 22 日		利用者同意署名欄	岐阜　太郎

全体の状況
B 型事業所には通うことができている。 ただ、B 型事業所で作業中の失敗が増え、本人は不安をかかえている。今後は障害福祉サービスの利用だけではなく、介護保険サービスの利用を見据え、本人が地域包括支援センターの保健師と信頼関係を築き、高齢者の日中活動の場への通所の検討も必要な時期がきている。

支援目標の達成度 （ニーズの充足度）	今後の 課題・解決方法	計画変更の必要性			その他 留意事項
		サービス 種類の変更	サービス 量の変更	週間計画の 変更	
B 型事業所に通うことで孤立の解消につながり、社会とつながることができている。 **失敗を恐れて不安が強い。**	継続して通う。 **安心して通える別の日中活動も検討が必要。**	有・⦿無	有・⦿無	有・⦿無	
食事のメニューが少し変化した。	継続して支援を行う。	有・⦿無	有・⦿無	有・⦿無	
予約日は間違えずに通院できた。 **しかし、服薬は時々できなくなっている。**	継続して支援を行う。 **認知症の検査を主治医に検討してもらう。**	⦿有・無	有・⦿無	有・⦿無	

サービス等利用計画

利用者氏名（児童氏名）	岐阜　太郎　様	障害支援区分	
障害福祉サービス受給者証番号		利用者負担上限額	
地域相談支援受給者証番号		通所受給者証番号	

計画作成日	令和 5 年 5 月 1 日	モニタリング期間 （開始年月）	

利用者及びその家族の生活に対する意向（希望する生活）	通いなれた作業所は続けたい。 でも最近、たまに作業を失敗することがあり、ほかの利用者さん 施設の職員さんとも長いつきあいなので「気にしないで」と言っ
総合的な援助の方針	1 人暮らしで困ったときに気軽に相談できるように、いろいろな
長期目標	生活リズムを整え、できるだけ健康を維持して、B 型事業所に通
短期目標	地域包括支援センターの保健師と介護保険サービスへの移行準備

優先順位	解決すべき課題 （本人のニーズ）	支援目標	達成時期
1	B 型に通い続けたい。	毎日少しの時間でも通所できるように支援する。	6 か月
2	美味しいものをたまには食べたい。	偏った食生活を少し改善し、カップラーメン以外の美味しくて健康によいものを一緒に探していく。	6 か月
3	病状が安定する。	病状が安定するように、定期通院と服薬ができるよう支援する。	6 か月
4	体調が悪いとき、困ったときに相談できる。	不調があるときには病院の主治医や訪問看護に相談するようにうながす。	6 か月
5	いろいろな人とつながる。	地域活動支援センターの月ごとのカレンダーをわたし、参加できそうな教室があるときには情報提供をする。	6 か月

区分 2	相談支援事業者名	A 相談支援事業所
	計画作成担当者	○○　○○

6 か月（令和 5 年 10 月）	利用者同意署名欄	岐阜　太郎

にからかわれることが増えて、ちょっと嫌だな。
てくれるけれど少し不安。

人とつながることで充実した生活が送れるように支援していく。

い続ける。

について考える。

福祉サービス等		課題解決のための 本人の役割	評価 時期	その他 留意事項
種類・内容・量 （頻度・時間）	提供事業者名 （担当者名・電話）			
就労継続支援 B 型 当該月の日数　8 日	B 事業所（BB さん） ○○ - ○○○○	決まった時間に起床・就寝する。 食前・食後の薬を忘れないように服用する。 遅刻、お休みするときは連絡をする。	6 か月	
居宅介護　1 回 / 週	C 事業所（CC さん） ○○ - ○○○○	大好きなカップラーメンを少し減らし、ほかの美味しいものを食べてみる。	6 か月	
相談支援事業所 地域包括支援センター	A 相談支援事業所(○○) ○○ - ○○○○ D 包括支援センター（DD保健師） ○○ - ○○○○	忘れずに薬を飲む。 予約を入れた日に必ず受診する。	6 か月	介護保険の申請をすすめる。
就労継続支援 B 型 訪問看護 相談事業所 各病院等	E 訪問看護事業所(EE さん) ○○ - ○○○○ A 相談支援事業所（○○） ○○ - ○○○○	体調が悪いときは訪問看護に相談し、必要に応じて病院受診する。 困ったときは誰でもよいので話しやすい人にまず相談する。	6 か月	訪問看護につなぎ、さらに民生委員の定期訪問をお願いしている。
地域活動支援センター	F 地活事業所（FF さん） ○○ - ○○○○	地域活動支援センターのカレンダーで予定をチェックして興味のある教室に参加してみる。	6 か月	

「母だけに負担をかけたくない」

▷ 事例概要

氏名・性別・年齢

氏名 湖東 明良（男性）

年齢 35 歳

障害等

脳炎後遺症　（てんかん）

家族構成

母と 2 人暮らし（父は 15 年前に病気で死去、妹夫妻は県外に居住）

生活歴

　出生後発達に問題なく、地元の小・中学校を卒業後、工業高校に進学。工業高校卒業後は専門学校に入学し、情報処理などの技術を習得。学校卒業後、技術を活かせる企業に就職する。

　25 歳時、頭痛・発熱等の体調不良を訴えていたが、とくに治療することなく過ごしていたところ、会社で倒れ、F 総合病院に救急搬送。脳炎と診断され、入院治療を開始する。治療を進めるも、ほぼ全介助状態で数か月後に退院。自宅療養となる。

　退院後、定期的な通院と検査入院をしながら体調の安定を図り、入浴目的で地元の地域活動支援センターと在宅の入浴サービスの利用を続けてきた。また、母の介護負担の軽減のため、通所がない日を中心とした居宅介護の利用も開始。

　てんかん発作や体調不良などで年に数回程度救急搬送されることがあったが、大きく体調をくずすことなく 10 年近くを過ごす。

　先日検査入院をした際、以前から懸案となっていた嚥下機能障害について、主治医より胃ろう造設の提案があり実施。以後、胃ろうによる経管栄養と注意しながらの経口摂取の併用となる。

　食事形態の変更により、通所していた地域活動支援センターの利用継続が困難となり、自宅中心の生活となった。

相談支援専門員との関係性

　令和 3 年 4 月にこれまで担当してきた相談員が退職するため、別法人の相談員が引き継ぎ、はじめて計画を作成する。

情報の整理、ニーズの絞り込み・焦点化

●本人に関する情報

・口数は少ないが、言葉による意思の表出はできる。発症前は芸人の口まねをして人を笑わせるなどのひょうきんなところがあり、今もときどき口まねをして周りを楽しませている。

・右手指を使い、食事や水分摂取、電動車いす操作、リモコン操作などを行える。

・母を頼りたい一方、母の体調が悪いこともあり、心配や不安を感じるときもある。

●家族に関する情報

母について

・70歳。明良さんが発症してからも短時間の仕事をしていたが、胃ろう造設、地域活動支援センターの利用中止等にともない仕事をやめ、自宅で明良さんの介護を行うことが中心の生活となる。

・ベッドと車いす間の移乗、着替え、食事・排泄介助などを行うことができるが、膝や腰などの痛みや介護疲れもあり、きつい言葉で明良さんを叱責することも増えてきている。

・明良さんの「自宅で暮らしたい」との思いに対しては、実現し、長く続けられるようにしたいと願っている。

妹について

・電車で数時間離れた県外に住んでいるため、ふだんからの行き来はないが、夫も明良さんと母の状況を理解してくれており、「何かあったときは手伝いたい」と話している。

●利用施設・事業所に関する情報

・退院後から10年近く居宅介護、入浴サービスを利用してきたため、明良さん、母ともにいろいろと話ができる関係性であるが、事業所としては、遠慮していて言えないこともあるのではないかと感じている。

・入浴のために利用していた地域活動支援センターも、10年近く週2日程度利用してきたが、食事形態の変更や喀痰吸引等の医療的ケアの必要性が出てきたことから、利用を中止せざるを得なくなった。

・胃ろう造設後に食事支援（注入）や健康観察のために、訪問看護を定期的に利用することになった。

●その他の情報

・明良さんは母から離れることに不安を感じ、入院や短期入所を拒否することが少なくなかった。

・医師や訪問看護師は安全面を考慮して胃ろうによる経管栄養をすすめるが、明良さんと母はできる限り経口での食事を望んでいる。

サービス等利用計画

利用者氏名（児童氏名）	湖東　明良　様	障害支援区分
障害福祉サービス受給者証番号		利用者負担上限額
地域相談支援受給者証番号		通所受給者証番号

計画作成日	令和３年９月１日	モニタリング期間 （開始年月）

利用者及びその家族の生活に対する意向（希望する生活）	母と２人で、自宅での生活を続けたい。 👆 見直しポイント ❶ p.162 参照
総合的な援助の方針	お母様の介護負担が大きくなっていますので、２人での生活を維
長期目標	今の体調を維持し、外出することができている。
短期目標	ベッドから車いすに移り、数時間座っていられる。

優先順位	解決すべき課題 （本人のニーズ）	支援目標	達成時期	福祉サー
				種類・内容・量 （頻度・時間）
1	身の回りのことを手伝ってほしい。	手伝ってもらい、母の負担を減らせている。	令和４年３月	居宅介護（身体介護） 　排泄、水分補給等 　　週３　午後１時間程度 訪問看護 　吸引、胃ろう管理・注入、 　全身状態の管理、排泄 　　週３　昼１時間程度 　緊急時対応 訪問入浴（入浴支援） 　　週３　午後１時間半程度 相談支援・行政 　随時
2	◇◇のコンサートに行くために体調を整えたい。	今の体調を維持しながら、遠くのコンサート会場まで行ける体力をもてている。	令和４年８月	通院リハビリ　週１　午前 居宅介護 　身体介護　週１　30分程度 　　通院準備 　通院支援　身体介護あり 　　通院支援　週１　１時間程度 移動支援　月１　１時間程度 　近所の散歩

区分6	相談支援事業者名	相談支援センターＡ
	計画作成担当者	△△　△△

3か月に1回 （令和3年12月〜令和4年8月）	利用者同意署名欄	湖東　明良

持できるように支援します。

👆 **見直しポイント❷** p.162 参照

ビス等 提供事業者名 （担当者名・電話）	課題解決のための 本人の役割	評価 時期	その他 留意事項
ヘルパーステーションＢ ○○さん Ｃ訪看ステーション ○○さん Ｄ入浴サービス ○○さん 相談支援センターＡ △△ Ｅ市社会福祉課 ○○さん	自分の不調を相談する。	令和3年 12月	・週2回、地域活動支援センターに通所してきましたが、食事形態の変更により通所を断られたため、訪問入浴の利用を増やしました。並行して日中活動先を探します。
Ｆ病院 ○○PT ヘルパーステーションＧ ○○さん ヘルパーステーションＧ ○○さん	リハビリに通い、体調を整える。 体調のよいときは外出の予定を考える。	令和3年 12月	・外出は通院以外なくなり、お母様との2人の時間が長くなることで、介護負担が増えてきています。明良さんも介護負担の増加を心配しており、自身の体調がよいときは外出したいと考えています。

プランの修正

見直しポイント❶ 本人の思いを深く確認できていない

見直し 前

利用者及びその家族の生活に対する意向（希望する生活）
母と2人で、自宅での生活を続けたい。

> **解説** 　本人が話した言葉をそのまま記載していますが、なぜそのように話したのか、その背景にある本人が置かれている状況やふだんの態度から、その言葉の真意を探る必要があります。

見直しポイント❷ 本人の思いが目標に反映されていない

見直し 前

総合的な援助の方針
お母様の介護負担が大きくなっていますので、2人での生活を維持できるように支援します。

長期目標
今の体調を維持し、外出することができている。

短期目標
ベッドから車いすに移り、数時間座っていられる。

> **解説** 　状態をそのまま記載していますが、本人がなぜその目標に向かっていきたいのか、またその思いに対し、支援者がどのような支援をしていけばよいのか、本人の思いに寄り添った内容にしていく必要があります。

見直し 後

利用者及びその家族の生活に対する意向（希望する生活）

◇◇のコンサートに行けるようになるためリハビリや体調をくずさないようにがんばりたい。
ふだんの生活や体調をくずしたときには母が手伝ってくれるが、母がいなくなったら大変だと思っている。母だけに負担をかけないように、いろいろな人に手伝いをしてもらいながら過ごしていきたい。

| 解説 | 「介護を受けなくてはいけない」という現状と、「母と2人で過ごしたいが、母のことが心配である」という背景のなか、したいことやできることなど、本人の真の思いを引き出せるような聞き取りをしてみましょう。 |

見直し 後

総合的な援助の方針

明良さんが体調をくずさないように様子をうかがうとともに、お母様の介護負担を軽減できるようなお手伝いをしていきます。
また、遠方のコンサート会場に行くための準備として、ベッドから離れた生活も少しずつ提案していきます。

長期目標

体調をくずさないように見守ってもらいながら、自宅で過ごせているとともに外出を楽しめている。

短期目標

母の負担を考え、自分でできることを増やせている。

| 解説 | 明良さんの思いを受けて支援をしていくことを明確にするとともに、目標においては「できていないことをできるようになる」という視点だけではなく、「そのために自分で何をするのか」「どうすればできるのか」を記載することで、本人が前向きになれる目標となります。 |

サービス等利用計画

利用者氏名 (児童氏名)	湖東　明良　様	障害支援区分
障害福祉サービス受給者証番号		利用者負担上限額
地域相談支援受給者証番号		通所受給者証番号

計画作成日	令和3年9月1日	モニタリング期間 (開始年月)

利用者及びその家族の生活に対する意向 (希望する生活)	◇◇のコンサートに行けるようになるためリハビリや体調をくず ふだんの生活や体調をくずしたときには母が手伝ってくれるが、 母だけに負担をかけないように、いろいろな人に手伝いをしても
総合的な援助の方針	明良さんが体調をくずさないように様子をうかがうとともに、お また、遠方のコンサート会場に行くための準備として、ベッドか
長期目標	体調をくずさないように見守ってもらいながら、自宅で過ごせて
短期目標	母の負担を考え、自分でできることを増やせている。

優先順位	解決すべき課題 (本人のニーズ)	支援目標	達成時期	福祉サー
				種類・内容・量 (頻度・時間)
1	自宅で母と暮らしつづけるために、僕の生活のお手伝いにかかる母の負担を減らしてほしい。	母の負担を減らすため、食事、排泄、入浴などの介助をお願いできている。	令和4年3月	居宅介護 (身体介護) 　排泄、水分補給等 　　週3　午後1時間程度 訪問看護 　吸引、胃ろう管理・注入、 　全身状態の管理、排泄 　　週3　昼1時間程度 　緊急時対応 訪問入浴 (入浴支援) 　　週3　午後1時間半程度 相談支援 　**月1　訪問　1時間程度** 行政 　　随時
2	◇◇のコンサートに行くために体調を整えたい。	今の体調を維持しながら、遠くのコンサート会場まで行ける体力をもてている。	令和4年8月	通院リハビリ　週1　午前 居宅介護 　身体介護　週1　30分程度 　　通院準備 　通院支援　身体介護あり 　　通院支援　週1　1時間程度 移動支援　月1　1時間程度 　近所の散歩

区分6	相談支援事業者名	相談支援センターA
	計画作成担当者	△△　△△

3か月に1回 （令和3年12月～令和4年8月）	利用者同意署名欄	湖東　明良

さないようにがんばりたい。
母がいなくなったら大変だと思っている。
らいながら過ごしていきたい。

母様の介護負担を軽減できるようなお手伝いをしていきます。
ら離れた生活も少しずつ提案していきます。

いるとともに外出を楽しめている。

ビス等 提供事業者名 （担当者名・電話）	課題解決のための 本人の役割	評価 時期	その他 留意事項
ヘルパーステーションB 　○○さん C訪看ステーション 　○○さん D入浴サービス 　○○さん 相談支援センターA 　△△ E市社会福祉課 　○○さん	**来客者をもてなす。** 自分の不調を相談する。	令和3年 12月	・明良さんは、お母様にすべての介助をお願いしたいという気持ちはありますが、お母様の体調の心配もしており、第三者の支援を受け入れたいとも考えています。明良さん、お母様と相談しながら福祉サービスの利用を検討していきます。 ・胃ろうを造設しましたが、明良さんとお母様は経口での食事を希望しています。訪問看護員が不在のときは、お母様が注入または経口での食事介助を行います。 ・週2回、地域活動支援センターに通所してきましたが、食事形態の変更により通所を断られたため、訪問入浴の利用を増やしました。並行して日中活動先を探します。
F病院 　○○PT ヘルパーステーションG 　○○さん ヘルパーステーションG 　○○さん	リハビリに通い、体調を整える。 体調のよいときは外出の予定を考える。	令和3年 12月	・外出は通院以外なくなり、お母様との2人の時間が長くなることで、介護負担が増えてきています。明良さんも介護負担の増加を心配しており、自身の体調がよいときは外出したいと考えています。

今回のプラン作成における思考過程

見立て
- 母の大変さも理解しているが、できれば安心できる母の介護を受けたいため、自宅で母と一緒に暮らしたいと考えているのではないか。
- 自分がやりたいこともあるが、介護を受けなくては生活ができないことを理解しているため、周りが決めたことをそのまま受け入れないといけないと思っているのではないか。

根　拠
- 入院や短期入所などの利用はあまり望まず、母以外からの支援（福祉サービス等）を積極的に望まないことから、母への依存心があると思われる。一方で、母の大変さも理解しているため、自分の気持ちを訴えることは少なく、指示どおりの生活を送っているようである。
- 本当は行きたくないリハビリをがんばっているし、母以外の支援も受け入れている。これは「コンサートに行きたい」「口から食事をとりたい」などの思いを実現するためのものと、母の介護負担を軽減するために自身ができることを考えた結果であるようだ。

手立て
- 母以外の支援者から安心して介護してもらえるよう、自分から積極的にコミュニケーションをとれるような関係性をつくっていく。
- 思いの実現のための方法としての医療や生活支援があることをあらためて確認することで、受け身ではない取り組みとして理解してもらえるようにするとともに、医療・生活支援者にも共通の思いをもって支援してもらえるように伝える。

取得が考えられる報酬例

● 入院時情報連携加算（Ⅰ）

　　利用者が医療機関に入院するにあたり、当該医療機関を訪問し、当該医療機関等の職員に対して利用者にかかる必要な情報を提供し、その内容を記録した場合に取得することができます。必要な情報とは、当該利用者の心身の状況（障害の程度や特性、疾患・病歴の有無など）、生活環境（家族構成、生活歴など）、日常生活における本人の支援の有無やその具体的状況およびサービスの利用状況などです。

　　入院時情報連携加算（Ⅰ）は、医療機関へ出向いて職員と面談し、必要な情報を提供した場合に取得できますが、書類の郵送などの場合は入院時情報提供加算（Ⅱ）が取得できます。

● 要医療児者支援体制加算

　　地域生活支援事業通知に定める医療的ケア児等総合支援事業により行われる医療的ケア児等コーディネーター養成研修その他これに準ずるものとして、都道府県知事が認める研修を修了した常勤の相談支援専門員を1名以上配置し、医療的ケア児等へ適切に対応できる体制が整備されているものとして市町村に届け出た事業所が取得することができます。

モニタリングで集めた情報

・訪問看護の開始や訪問入浴の利用回数を増やしたことにより、第三者の出入りが増えた。明良さんははじめ緊張していたが、どう迎えようか自身で考えて実行している様子。

・訪問看護員には胃ろうからの注入をお願いしているが、母は医師やリハビリ担当者と相談して経口での食事介助を行っている。

・食事前に痰がからむことが多かったため、訪問看護員または母が吸引してから食事をするようになっていたが、最近は痰がらみが少なくなり、吸引が必要なくなってきたとのこと。

・外出が少なくなっている。明良さんは不安をあまり感じていないようだが、母は自身の体調に不安があり、常時介護に負担を感じていることもあるため、定期的な外出ができればよいと考えている。

モニタリング報告書（継続サービス利用支援）

利用者氏名（児童氏名）	湖東　明良　様	障害支援区分	
障害福祉サービス受給者証番号		利用者負担上限額	
地域相談支援受給者証番号		通所受給者証番号	

計画作成日	令和3年9月1日	モニタリング実施日	

総合的な援助の方針

明良さんが体調をくずさないように様子をうかがうとともに、お母様の介護負担を軽減できるようなお手伝いをしていきます。
また、遠方のコンサート会場に行くための準備として、ベッドから離れた生活も少しずつ提案していきます。

優先順位	支援目標	達成時期	サービス提供状況 （事業者からの聞き取り）	本人の感想・満足度
1	母の負担を減らすため、食事、排泄、入浴などの介助をお願いできている。	令和4年3月	訪問者に対して芸人の口まねあいさつをして迎えたり、入浴中に◇◇の歌を歌ったりと、楽しんで人とかかわっているところがみられる。 お母様は気をつけながら経口での食事介助をしている。今のところトラブルはない。 食事前後に喀痰吸引をすることになっていたが、今は必要がなくなっている。 地域活動支援センターからは、「食事介助の方法が元に戻るのであれば再通所は可能」との話があった。	ヘルパーさんや看護師さんが来たときにあいさつをしている。支援者も楽しんでくれている。 スタッフに慣れてきた。 経口での食事を希望していることを次の受診時にF病院に伝えたい。
2	今の体調を維持しながら、遠くのコンサート会場まで行ける体力をもてている。	令和4年8月	通院時にも歌を歌うなど、以前より明るく接してくれるとのこと。 リハビリ担当者より、「活動が少なくなったからか身体のこわばりが見られる」と話しがあった。	毎回通院できている。 通院するために必要なものをヘルパーさんにお願いしてそろえてもらっている。

区分6	相談支援事業者名	相談支援センターA
	計画作成担当者	△△　△△

令和3年12月15日	利用者同意署名欄	湖東　明良

全体の状況
訪問看護の利用を開始したが、戸惑うことなく受け入れられている。お母様も「助かる」と話している。外出が通院だけになっているので、外出できるようにしていく。

見直しポイント ❶ p.170 参照

支援目標の達成度 （ニーズの充足度）	今後の 課題・解決方法	計画変更の必要性			その他 留意事項
		サービス 種類の変更	サービス 量の変更	週間計画の 変更	
スタッフと楽しく話をしながら過ごせている。（明良さん） サービスを受けている時間は少し自分のことができるので助かっている。（お母様）	支援者に慣れてきたところで、明良さん自身の不調などが話せるようになるとよい。 見直しポイント ❷ p.172 参照 有・㊰	有・㊰	有・㊰	
通院はできているが、そのほかの外出ができていない。（明良さん）	外出はほぼ受診時のみとなっている。通所先を早く見つけ、身体を使える活動ができるとよい。散歩なども体調を見て行えるか。	有・㊰	有・㊰	有・㊰	

全体の状況

 見直し 前

全体の状況
訪問看護の利用を開始したが、戸惑うことなく受け入れられている。お母様も「助かる」と話している。外出が通院だけになっているので、外出できるようにしていく。

ポイント解説

現状と家族の気持ちの記載があるが、「本人がどうしたいか」という思いの記載がなく、今後の支援の方向性が見出しにくい。

解説

　サービス等利用計画において、母の介護負担軽減のためにサービスを利用することや、支援者に対して積極的にかかわりをもち、いずれ体調のことなどについて相談ができるような関係性をつくる方向性の話が確認されたにもかかわらず、支援者とのかかわりについての記載がありません。

　また、外出も課題の１つではありますが、明良さんが現在の課題として話している経口摂取に関する記載がないため、明良さんの思いを支援者が共有し、前向きな支援をするための検討が後回しになってしまうおそれもあります。

見直し 後

全体の状況
福祉・医療サービスが追加され、担当スタッフと新たなつきあいも増えてきたが、おもてなしをする気持ちで楽しませるような対応をしてきたようである。 経口摂取について主治医と相談し、実現に向けて今の状態の確認と、何が必要なのかの検討が必要となる。

 ポイント解説

明良さんがサービス等利用計画作成以降どのような思いで生活してきたのかを聞き取ることができ、みなで共有することができる内容となった。

解説　　母の介護負担軽減のためにサービスを利用することになり、支援者とよい関係性をつくるために明良さんががんばって行ってきたことの記載が追加されたことで、明良さんの前向きな姿勢を支援者で共有することができるようになりました。
　　また、明良さんが課題として考えていることを支援者間で共有し、支援者の立場に応じた対応や検討を要請することで、各自当面行うことが明確になりました。

見直しポイント❷

今後の課題・解決方法 / その他留意事項

見直し 前

今後の課題・解決方法	その他の留意事項
支援者に慣れてきたところで、明良さん自身の不調などが話せるようになるとよい。	

ポイント解説

「サービスの提供状況」「本人の感想・満足度」では本人・支援者の思いなどを聞き取れているが、課題化できていない。

解説	明良さんからの聞き取り、支援者からの報告において、経口摂取への気持ちや現在の支援の様子を確認することができていますが、今後の取り組みとして課題化できておらず、明良さんの気持ちに具体的にどのように対応していくのかが明確でないため、支援者間で食い違った対応がなされる可能性が考えられます。

見直し 後

今後の課題・解決方法	その他の留意事項
支援者に慣れてきたところで、明良さん自身の不調などが話せるようになるとよい。 次回の受診で経口摂取についてあらためて主治医に相談してみる。訪問看護は現状について主治医と連携をとる。	次回のF病院の受診は1月21日。支援の状況を伝えるために、また、経口摂取の可能性を確認するために、相談員も同行する。

 ポイント解説

明良さんの思いを課題化したことによって、今後の取り組みの方向性について支援者間で共有することができる内容となった。

解説

　生活支援の方向性と医療の方向性が食い違うことは、しばしばあります。相談員はその方向性の違いを確認し、「本人の思い」「できること」「できないこと」を整理する必要があります。本人がしたいと思うことをどうすれば解決することができるのか、今何ができるのかを、本人とともに確認し、支援者にも共有することで、支援の方向性を示すことができます。

　共有する過程においては、加算を取得することも考えましょう。モニタリング時に関係者に集まってもらい情報を共有すること（サービス担当者会議実施加算）や、医療機関に出向いて主治医等から本人とともに情報を収集し、サービス等利用計画に反映させること（医療・保育・教育機関等連携加算）で、加算を取得することができます。

モニタリング報告書（継続サービス利用支援）

利用者氏名（児童氏名）	湖東　明良　様		障害支援区分	
障害福祉サービス受給者証番号			利用者負担上限額	
地域相談支援受給者証番号			通所受給者証番号	
計画作成日	令和3年9月1日		モニタリング実施日	

総合的な援助の方針
明良さんが体調をくずさないように様子をうかがうとともに、お母様の介護負担を軽減できるようなお手伝いをしていきます。 また、遠方のコンサート会場に行くための準備として、ベッドから離れた生活も少しずつ提案していきます。

優先順位	支援目標	達成時期	サービス提供状況 （事業者からの聞き取り）	本人の感想・満足度
1	母の負担を減らすため、食事、排泄、入浴などの介助をお願いできている。	令和4年3月	訪問者に対して芸人の口まねあいさつをして迎えたり、入浴中に◇◇の歌を歌ったりと、楽しんで人とかかわっているところがみられる。 お母様は気をつけながら経口での食事介助をしている。今のところトラブルはない。 食事前後に喀痰吸引をすることになっていたが、今は必要がなくなっている。 地域活動支援センターからは、「食事介助の方法が元に戻るのであれば再通所は可能」との話があった。	ヘルパーさんや看護師さんが来たときにあいさつをしている。支援者も楽しんでくれている。 スタッフに慣れてきた。 経口での食事を希望していることを次の受診時にF病院に伝えたい。
2	今の体調を維持しながら、遠くのコンサート会場まで行ける体力をもてている。	令和4年8月	通院時にも歌を歌うなど、以前より明るく接してくれるとのこと。 リハビリ担当者より、「活動が少なくなったからか身体のこわばりが見られる」と話しがあった。	毎回通院できている。 通院するために必要なものをヘルパーさんにお願いしてそろえてもらっている。

区分6	相談支援事業者名	相談支援センターA
	計画作成担当者	△△　△△

令和3年12月15日	利用者同意署名欄	湖東　明良

全体の状況

福祉・医療サービスが追加され、担当スタッフと新たなつきあいも増えてきたが、おもてなしをする気持ちで楽しませるような対応をしてきたようである。
経口摂取について主治医と相談し、実現に向けて今の状態の確認と、何が必要なのかの検討が必要となる。

支援目標の達成度 （ニーズの充足度）	今後の 課題・解決方法	計画変更の必要性			その他 留意事項
		サービス 種類の変更	サービス 量の変更	週間計画の 変更	
スタッフと楽しく話をしながら過ごせている。（明良さん） サービスを受けている時間は少し自分のことができるので助かっている。（お母様）	支援者に慣れてきたところで、明良さん自身の不調などが話せるようになるとよい。 **次回の受診で経口摂取についてあらためて主治医に相談してみる。訪問看護は現状について主治医と連携をとる。**	有・(無)	有・(無)	有・(無)	次回のF病院の受診は1月21日。支援の状況を伝えるために、また、経口摂取の可能性を確認するために、相談員も同行する。
通院はできているが、そのほかの外出ができていない。（明良さん）	外出はほぼ受診時のみとなっている。通所先を早く見つけ、身体を使える活動ができるとよい。散歩なども体調を見て行えるか。	有・(無)	有・(無)	有・(無)	

※サービス等利用計画の見直しはなし（計画変更の必要性がすべて「無」のため）。

おわりに

　福祉サービスを利用していくにあたり、一人ひとりに担当の相談支援専門員が寄り添っていくことができるようになり、もうすぐ10年を迎えようとしています。まだまだ希望しても、児童を対象とする場合や、都市部の地域においてはセルフプランの作成を余儀なくされることや、1人の相談支援専門員が多くの計画作成を担当しすぎ、必要なだけモニタリングを実施できていない現実はありますが、相談支援専門員の役割の重要性の高さと相談支援事業の効果は、着実に目に見えるものになってきています。それは、障害のある人への差別と偏見が続くなかで、1人の生活者としての権利を守っていく伴走者としての役割であり、行政や利用している事業所などの関係機関と本人の間に入って、本人の意思表明をバックアップしていくことによる効果だと思います。利用する事業所と本人・家族だけの関係で行われがちであった支援から、人生を謳歌していくための、本人を中心にした共同作業に変わりつつあります。

　本書は、相談支援事業として独立運営していくことを念頭に置きながら、相談支援専門員がさらに一歩前に踏み出していけることを願って企画しました。本人中心の支援、エンパワメント、ストレングスモデルなどの相談支援が目指すことだけでなく、相談支援専門員として多くの時間を費やしていくサービス等利用計画やモニタリング報告書の作成のために参考となる情報を盛り込んでいます。とくに、モニタリング報告書を事例として紹介し、あわせて加算についても解説している先行文献や書籍はなかなか見当たりませんので、相談支援のプロセスの全体において実用できることでしょう。

　また本書は、相談支援専門員が育ち合い、つながる手助けとしても活用できます。相談支援従事者初任者研修の受講後に読むと、相談支援事業に取り組んでいくことのイメージを深めていくことができます。相談支援従事者現任研修の前後に、自立支援協議会の部会活動や、地域の相談支援専門員との読み合わせなどに使っていくこともおすすめします。ファシリテーター養成研修で使ってみるのもよいのではないかと思います。

　相談支援の効果と事業の重要性を、さらに啓発していきたいものです。そのために、相談支援における人材育成に努め、事業として発展させていきたいと思います。障害のある人に支援者側が励まされ、育てられることを意識しつつ、勇気をもち、元気を出し合いながら、相談支援の醍醐味を味わっていきましょう。

2023（令和5）年6月

コンサルテーションサポート森の入口

主任相談支援専門員　金丸 博一

編著者一覧

■ 編集

日本相談支援専門員協会（にほんそうだんしえんせんもんいんきょうかい）

■ 執筆者（五十音順）　※肩書は 2023 年 6 月現在

臼井潤一郎（うすい　じゅんいちろう）
一般社団法人ぎふケアマネジメントネットワーク 代表理事

岡部正文（おかべ　まさふみ）
社会福祉法人ソラティオ 理事長

金丸博一（かねまる　ひろかず）
コンサルテーションサポート森の入口 主任相談支援専門員

川島成太（かわしま　まさとも）
社会福祉法人有誠福祉会 名西郡障がい者基幹相談支援センター 管理者兼主任相談支援専門員

菊本圭一（きくもと　けいいち）
日本相談支援専門員協会 代表理事

島　優子（しま　ゆうこ）
社会福祉法人愛恵会 相談支援事業所こだま 管理者

中村　修（なかむら　おさむ）
ゆらり相談支援センター 所長

野崎陽弘（のざき　あきひろ）
社会福祉法人けやきの郷 埼玉県発達障害者支援センター「まほろば」 センター長

長谷川さとみ（はせがわ　さとみ）
社会福祉法人藤聖母園 相談支援事業所藤 管理者兼主任相談支援専門員

濵口直哉（はまぐち　なおや）
社会福祉法人あかりの家 地域支援センターあいあむ 東播磨圏域コーディネーター

相談支援専門員のための
腑に落ちる「サービス等利用計画」&
「モニタリング報告書」のつくり方

2023年 7月30日 初 版 発 行
2024年 8月10日 初版第2刷発行

編　集　　日本相談支援専門員協会
発行者　　荘村明彦
発行所　　中央法規出版株式会社
　　　　　〒110-0016　東京都台東区台東 3-29-1　中央法規ビル
　　　　　TEL　03-6387-3196
　　　　　https://www.chuohoki.co.jp/
ブックデザイン　株式会社ジャパンマテリアル
印刷・製本　　株式会社アルキャスト

ISBN978-4-8058-8923-7
定価はカバーに表示してあります。

本書の内容に関するご質問については、下記URLから「お問い合わせフォーム」に
ご入力いただきますようお願いいたします。
https://www.chuohoki.co.jp/contact/